·*2020*年·

HEILONGJIANG WENHUA FAZHAN BAOGAO

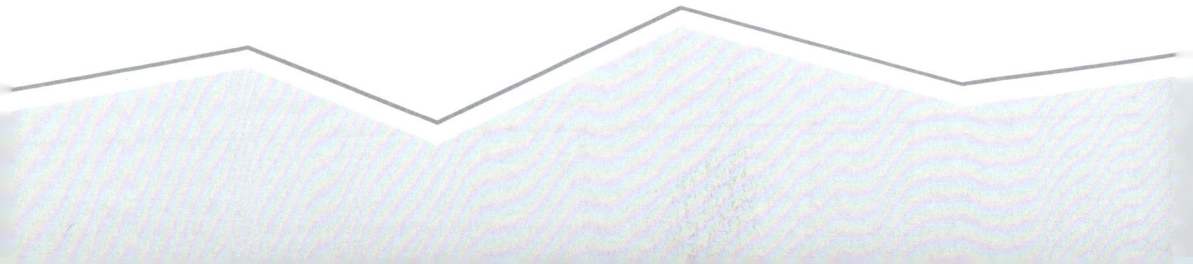

黑龙江文化蓝皮书

·2020年·

黑龙江文化发展报告

贾玉梅 ◆ 主编

黑龙江人民出版社

图书在版编目（CIP）数据

2020 年黑龙江文化发展报告／贾玉梅主编. — 哈尔滨：黑龙江人民出版社，2021. 12
（黑龙江文化蓝皮书）
ISBN 978 - 7 - 207 - 12633 - 7

Ⅰ. ①2… Ⅱ. ①贾… Ⅲ. ①文化发展—研究报告—黑龙江省—2020 Ⅳ. ①G127. 35

中国版本图书馆 CIP 数据核字（2021）第 273487 号

责任编辑：曲 莹
封面设计：徐 洋

黑龙江文化蓝皮书
2020 年黑龙江文化发展报告
贾玉梅 主编

出版发行 黑龙江人民出版社
地 址 哈尔滨市南岗区宣庆小区 1 号楼
网 址 www. hljrmcbs. com
印 刷 黑龙江艺德印刷有限责任公司
开 本 787×1092 1/16
印 张 13. 75
字 数 200 千字
版 次 2021 年 12 月第 1 版
印 次 2021 年 12 月第 1 次印刷
书 号 ISBN 978 - 7 - 207 - 12633 - 7
定 价 42. 00 元

目　录

发展成就

改革创新

研究建议

发展成就

风高浪急更显思想伟力

中共黑龙江省委宣传部

每一个不平凡的过往,都镌刻下不平凡的印记,让身处其中的每一个你我,感动、感悟、感怀。

2020年,我们共同经历了一场又一场错综复杂、极不寻常的"攻坚战"——疫情防控人民战争、总体战、阻击战,全面建成小康社会决胜战,绝对贫困歼灭战,"十三五"收官战,外部舆论引导战……风雨、急流,坚守、冲锋,奉献、牺牲,夺胜、打赢! 当岁月流转激荡成河,当历史脚步去了又来,我们更加清晰地看到,龙江大地映射的恢宏思想之光,集聚的磅礴价值之魂,绽放的绚丽文明之花!

一年来,全省宣传思想文化战线坚持以习近平新时代中国特色社会主义思想为指导,深入贯彻中央和省委决策部署,围绕中心、服务大局,在大战大考中强化责任担当,在决战决胜中践行初心使命,坚定不移举旗帜、聚民心、育新人、兴文化、展形象,切实增强思想引领力、舆论引导力、价值凝聚力、文化支撑力,助力龙江振兴航船劈波斩浪、行稳致远!

坚定主心骨,以"新思想"铸魂立心

"欲事立,须是心立。"一年来,面对一系列急事难事、大事要事,全省在深学彻悟笃行习近平新时代中国特色社会主义思想中坚定"主心骨"、把准"定盘星",从党的科学理论中把握战略定力、汲取智慧能力,开辟龙江振兴发展新境界。

"读原著、学原文、悟原理"
　　——下足"大学习"功夫

"全党来一个大学习!"这是习近平总书记在十九届中央政治局首次集体学习时发出的动员令。

一年来,全省不断在理论武装中求实、求深、求新、求效,探索党政指导与媒体引导相结合,传统媒体与新兴媒体相结合,机制推动与交流互动相结合,理论深化与实践转化相结合的学习实践。

建立起上下贯通、系统完备的理论学习中心组学习制度。省委理论学习中心组带头开展学习10次,举办巩固深化"不忘初心、牢记使命"主题教育成果读书班,引领全省上下共悟真理、共创辉煌。

搭建起全媒体、互动式理论学习平台。于9月25日习近平总书记考察黑龙江两周年之际,在"极光新闻"客户端开设学"习"频道,创新推出"百万党员读《习近平谈治国理政》第三卷"活动,打造理论学"习"节目《好好学习》《一起学习》,引导龙江党员学而信、学而思、学而行,带动广大干部群众全面系统学、及时跟进学、深入思考学、联系实际学。

上"强国"、登"极光",看视频、听经典,读原文、悟原理……尚学之气满龙江!

"有思想、有价值、有高度"
　　——做足"大研究"文章

"理论的生命力在于不断创新,推动马克思主义不断发展是中国共产党人的神圣职责。"习近平总书记在纪念马克思诞辰200周年大会上的讲话语重心长、言犹在耳。

一年来,全省准确把握时代脉搏,搭乘专家、基地、课题"三驾马车",深化习近平新时代中国特色社会主义思想研究。组织完成中央"马工程"重大研究项目《对接"一带一路"中蒙俄经济走廊建设实践研究》,中标国家社科基金91项,设立省社科研究规划项目549项,在中央"三报一刊"发表理论文章20篇,在黑龙江卫视《新闻联播》播出"智库专家谈振兴"访谈21期,深入阐释全省政策举措、发展效能,引发强烈反响……

一本本理论书籍重磅出炉,一篇篇理论文章深邃解读,像冬日里的暖阳、春季里的清风启迪心灵、陶冶人生。思想的火焰正在龙江升腾！

"接地气、冒热气、添生气"

——备足"大宣讲"功课

"让党的创新理论'飞入寻常百姓家'。"习近平总书记在全国宣传思想工作会议上的这一要求，一语道破理论武装的根本旨归："理论一经掌握群众，也会变成物质力量。"

一年来，围绕《习近平谈治国理政》第三卷、党的十九届五中全会、省委十二届八次全会等重大主题，组织省委宣讲团集中宣讲120余场、市县党委宣讲团宣讲4600余场，开展"百姓宣讲 志愿同行"理论宣讲9000余场，每一场都发自心底、源于信仰，汇聚真情、传递力量。中宣部授予我省基层理论宣讲工作三项表彰——团省委"青年讲师团"被评为理论宣讲先进集体，黑龙江中医药大学周苏娅教授被评为理论宣讲先进个人，"黑龙江宣传"被评为优秀理论宣讲微信公众号。

——形式多样化。线下"唠嗑秀""板凳会"，线上"短视频""微动漫"等群众喜闻乐见的形式越来越多，"干部讲"和"群众讲"结合得越来越好，"我要说"和"一起说"的氛围越来越浓。

——内容靶向化。突出宣讲群众最关心最直接最现实的利益问题，最困难最忧虑最急迫的实际问题，把"陈情"和"说理"协调起来，把"阳春白雪"转化为"下里巴人"，让"大道理"变成了"小清新"。

——队伍多元化。张庆伟等领导同志以上率下，用深学彻悟的一条条"民生计"，将新思想讲出了新温度；抗疫英雄等各级各类典型闪亮登场，用亲身经历的一段段"难忘情"，讲述寒冬温暖、传递人间大爱；"90后""00后"等广大青年脱颖而出，用"后浪"奔涌的一股股"精气神"，彰显堪当大任的时代新人风采；工人农民等基层志愿者主动请缨，用发自肺腑的一句句"真心话"，和家乡父老共同感党恩、念党情，告诉人们：新时代，让生活更美好！

打好主动仗，以"强担当"战疫立行

以往春节，"不须迎向东郊去，春在千门万户中"，而2020年春节，

"早已森严壁垒,更加众志成城"。面对突如其来的严重疫情,全战线同志以忠诚担使命,用责任写担当,挺进一线、深入"红区",以最快速度、最大力度、最热温度,在这场艰苦卓绝的大战中燃起一把火,撑起一片天!

强主导、立主流,更好强信心

疫情袭来,亦真亦假、莫衷一是的各类信息也蜂拥而至,疑惑、焦虑、彷徨、恐慌——沧海横流时、云遮雾罩中,人们迫切期盼,有一个"字正腔圆"的权威之声带领大家明辨是非、冲破阴霾。

"铁肩担道义,热血铸忠诚。"全省迅速建立疫情应对宣传引导机制,统筹理论舆论、文化文明、网上网下、大屏小屏、省直地方等多方媒介资源,掰开揉碎讲道理,深入浅出话常识,强化显政宣传,鼓舞精神士气。开设抗疫专题专栏30余个,举办疫情防控新闻发布会56场,播发原创报道4600余篇。在疫情反弹的紧要关头,及时连线钟南山、李兰娟两位院士作出科学解读。中央媒体刊播我省抗疫报道7000余条(次),创造了一周十上央视《新闻联播》,一个月内在《新闻联播》发稿28条(次)的纪录。塔斯社、路透社等40余家境外媒体,对我省战疫和对俄援助情况作了系列报道。

及时的消息、深入的解读、鲜活的影像、理性的评论,背后是宣传人无畏的逆行,顽强的冲锋,执着的坚守,辛苦的付出,激发出的是龙江人越是艰险越向前,越是危急越勇毅的笃定:"没有一个冬天不可逾越,没有一个春天不会来临。"

尽所能、传正能,更好暖人心

"我报名、让我来、我先上!"战疫中,"天使白""橄榄绿""守护蓝""志愿红"……无数人以生命赴使命、用挚爱护苍生!星火成炬,点亮了战胜疫情的希望之光,照亮了龙江大地的每一个角落,温暖了平凡而又勇敢的每一个你我!

作为"逆行者"的同行人,全战线以"笔"为战刀、以"纸"作战旗,以"艺"战疫、以"读"攻毒,出版《新冠肺炎防控手册》等防疫科普读物11种,创作征集战疫主题文艺作品1.7万余个,组建"云表演"艺术团,开展"文化进万家 健康你我他"网络文艺志愿服务,打造"网上文旅",推出大批线上展馆、展览、全景 VR 旅游,发出居家阅读倡议,推出抗疫专题读书节目"声音的力量——丰盈人生"。

作为"正能量"的传递人,全战线广泛宣传王春天、于铁夫等抗疫典型的先进事迹,宣传龙江人"既乐见风景也不拒风雨,既喜见寒梅又无惧寒霜"的坚毅品格,用一篇篇文稿赞美一个个英雄,用一帧帧镜头记录一幕幕感动!

"龙江加油!""中国加油!"润湿的眼底透出坚毅的目光,投向明天依然有风有雨却更加有梦有爱的奋进征程!

搭平台、搭把手,更好聚民心

"要广泛发动和依靠群众,同心同德、众志成城,坚决打赢疫情防控的人民战争。"这是习近平总书记的人民情怀、战略部署,也是全战线的工作导向、力量源泉。

迅速开通"战疫情,人人在行动——我向书记、省长说句话"网友建言征集平台,开设《防控疫情在线帮》节目,搭建起了解民情、倾听民声、汇聚民智、纾解民难的桥梁,征集留言 34 万余条,解决问题 7 万余个。组织智库专家献计献策,提出高质量对策建议 500 余条……同呼吸、共命运,"初心"与"民心"心心相印。

在全国率先发出"抗击疫情 志愿同行"倡议,动员道德模范捐款 2 亿余元,组织 40 万余名志愿者投身一线,开展入户排查、值岗消毒、心理疏导等志愿服务活动 10 万余项,直接帮扶群众 24 万余人……舍小家为大家,聚小我成大我。

"积力之所举,则无不胜也;众智之所为,则无不成也。"抗疫斗争已取得重大战略成果,必将取得全面胜利。愿山河锦绣、国泰民安! 愿和顺致祥、幸福美满!

唱响主旋律,以"最强音"放歌立言

"导人心者必导于言。"面对舆论环境、媒体格局、传播方式发生的深刻变化,全战线不忘初心、牢记使命,始终做党的政策主张的传播者、时代风云的记录者、社会进步的推动者、公平正义的守望者,全面打开"能说"

"善说"的"龙江话筒""黑土音响",坚决落实管网治网责任,加强网络文明建设,构建网络综合治理体系和应急处置机制,确保全省思想舆论阵地、意识形态阵地风清气朗、固若金汤。

突出宣传主题,讲述脱贫小康收官好故事

"其作始也简,其将毕也必巨。""十三五"圆满收官、全面建成小康社会取得伟大历史性成就、决战脱贫攻坚取得决定性胜利,这些重大的标志性成果"装点此关山",成为龙江实现第一个百年奋斗目标的生动注脚、华彩乐章。

牢牢把握被中宣部列为"走向我们的小康生活"首批宣传省份的有利契机,在中央主要媒体集中刊播成就性报道50余篇,累计点击量突破10亿。全年推出"六稳""六保""脱贫攻坚"等七大主题系列新闻发布会100余场,首创以摘帽国贫县(市)作为"脱贫攻坚"新闻发布主体,获各方好评。聚焦"十三五"辉煌成就,推出《砥砺奋进这五年》《幸福十三五 筑梦十四五》《擘画新蓝图 开启新征程》系列报道,营造了"全省党员干部以真情换真心,全省人民群众以真心感党恩"的浓厚氛围。

12月24日,张庆伟同志在省扶贫开发领导小组会议上强调:"巩固拓展来之不易的脱贫攻坚成果,接续推进脱贫摘帽地区乡村振兴。"正如习近平总书记所讲:"脱贫摘帽不是终点,而是新生活、新奋斗的起点。"全省上下坚信"更好的日子还在后头",必将百尺竿头,更上一层楼!

把握宣传基调,传播团结稳定鼓劲好声音

躬逢盛世伟业,置身锦绣北疆,面向辽阔未来,坚持团结稳定鼓劲、正面宣传为主,为龙江振兴提振士气、凝心聚力,始终是全战线遵循的基本方针。

聚焦全省"料峭之春、会战之夏、奋进之秋、火热之冬"推出系列报道,大力宣传龙江经济复苏步伐逐月加快,主要经济指标持续回升,宏观经济稳中向好的亮眼答卷。《人民日报》刊发张庆伟同志署名文章《坚持以改革增活力促振兴》,《光明日报》"红船初心"等两个专版集中刊发反映龙江振兴风貌的系列文章,为建设社会主义现代化新龙江凝聚奋进力量、坚定发展信心。

聚焦全国两会、中央全会等重要节点，统筹各级党报党刊党网，协力打造新闻宣传"头条工程"，深入宣传习近平总书记重要讲话和会议精神，全景呈现我省学习宣传贯彻热潮。创新全国两会宣传模式，运用"全息＋5G＋4K＋AR＋AI"等新技术，推送重点报道1300余篇，举办"当好国家粮食安全'压舱石'实现农业现代化"主题新闻发布会，彰显"中华粮仓"战略地位，获中宣部6次表扬。

"看似寻常最奇崛，成如容易却艰辛。"每一项好成绩的取得，每一句好声音的唱响，都凝结着全省百姓"一个汗珠摔八瓣"的辛劳奋斗，都源自龙江人民"爱拼才会赢"的冲劲闯劲。3700万龙江儿女，每个人都了不起！

拓展宣传格局，展现全面立体真实好形象

"展形象"是宣传思想工作推进国际传播能力建设，向世界展现真实、立体、全面的中国，提高国家文化软实力和中华文化影响力的重要使命。全省在深度融入"一带一路"，加快推进以对俄为重点的全方位对外开放中主动策划、强势发声，切实肩负起"展形象"的龙江使命。

把握在全球率先有效控制疫情、全面建成小康社会、《习近平谈治国理政》第三卷出版发行等"风景这边独好"的"中国之治""中国之智"，用一篇篇报道、一幅幅照片、一个个镜头，全方位、全领域、多视角、多元化展现龙江风采、中国气派，引导国际社会加深对中国共产党为什么"能"，马克思主义为什么"行"，中国特色社会主义为什么"好"的认识。对外文化交流合作走向深入，俄语节目《你好，黑龙江》在俄落地播出，纪录片《我们的男孩》让中俄人民情感升温……

彰显"国际范"，传播"中国风"，拓展共鸣点、增强认同度、提升感召力，龙江外宣搭船出海展形象，借势发力美名扬！

高扬主基调，以"正能量"树人立德

宣传思想工作是做人的工作。全战线始终把培养担当民族复兴大任的时代新人作为重要职责，坚持宣传引导、典型引带，坚持法安天下、德润人心，推动社会主义核心价值观月映万川、辉映万物。

筑爱国主义之基

"不论树的影子有多长，根永远扎在土里。"高举爱国主义精神旗帜，出台贯彻落实《新时代爱国主义教育实施纲要》的具体措施，建立新时代爱国主义教育联席会议制度，广泛开展纪念抗战胜利75周年和抗美援朝出国作战70周年重大宣传活动、"奋进新时代 聚力强军梦"全民国防教育月活动、新时代爱国主义思政课融媒体直播活动、"我和我的祖国"等群众性主题教育活动。命名全省第七批爱国主义教育基地35个，在绥芬河市设立国内唯一一家中共六大历史资料馆。五大连池市保护红色遗址遗迹、弘扬东北抗联精神的做法，入选中宣部爱国主义教育创新案例……

脱贫攻坚、全面小康，人民至上、生命至上……龙江儿女自豪地说："我们不是生活在一个和平的年代，而是生活在一个和平的国家。祖国的强大，是生命最厚重的底色，是生活最幸福的暖色。此生无悔入华夏，来世还在种花家。"

固思想道德之本

"位我上者，灿烂星空；道德律令，在我心中。"出台贯彻落实《新时代公民道德建设实施纲要》的实施意见，创新选树机制，制定全省道德模范和"龙江最美人物"学习宣传活动管理办法，打造"龙江群英榜"系统综合平台，推出"龙江楷模""新时代龙江好少年"等先进典型272人（个），命名第六批全省学雷锋活动示范点和岗位学雷锋标兵20个，13人被中宣部选树为全国先进典型，24人荣登中国好人榜。冷友斌当选全国诚信之星，实现我省零的突破。举行"战疫有我·感动龙江人物（群体）""最美脱贫攻坚奋斗者"等系列发布仪式，组织开展"奋斗的荣光"扶贫队长丁铁刚先进事迹宣讲会、"青春在战疫中绽放"巡回报告会、百名道德典型百场报告活动……

从不断涌现的"好人"到各行各业的"最美"，从受到表彰的"奋斗者"到默默无闻的志愿者……灼灼之光汇聚成了一道璀璨的道德星河。让我们追着这束光，融入这道河！

树精神文明之风

"文明花开结硕果，同心掬得满庭芳。"全省文明城市、文明村镇、文明单位、文明家庭、文明校园创建工作进一步深化,哈尔滨市创建全国文明城市复牌成功,实现"三连冠"。桦南县成功跻身文明城市行列,创造了"首创首成"的佳绩,实现了"摘掉贫困帽,挂上文明牌"的华美蝶变。新时代文明实践中心建设广泛拓展,5584 个中心(所、站)凝聚群众、引导群众,以文化人、成风化俗的作用发挥更加突出。乡风文明建设深入推进,全国乡风文明建设现场会在通河召开,通河县桦树村入选首批全国村级"乡风文明建设"优秀典型案例。志愿服务体系建设不断加强,在全国率先建立"省级事业机构 + 议事机构 + 社会组织"的志愿服务顶层架构,成立志愿服务基金会,助力基层社会治理。爱国卫生运动不断深化,"餐桌革命"专项行动守护"舌尖上的健康"、抵制"舌尖上的浪费"……

"我见青山多妩媚,料青山见我应如是。"文明之风润泽龙江,文明因子"日用而不觉":餐桌上,"公筷公勺""光盘行动"渐成时尚;马路上,相互礼让、各行其道成为默契;上网时,健康浏览、理智表达成为习惯……一街一景、一言一行,每一个"小气场"汇聚成文明"大气候"。龙江人民洋溢着美的笑容,龙江大地涌动着爱的暖流!

锚定主目标,以"软实力"惠民立本

党的十九届五中全会作出到 2035 年建成文化强国的战略决策,标志着文化建设进入一个新阶段。近年来,全战线始终把文化强省、旅游强省建设作为重要战略目标,把推动文旅融合发展作为增强人民群众获得感、幸福感的重要抓手,主动作为,创新实干。

优化供给服务,满足新期待

人民是时代的主人,文化是人民的精神家园。推动文旅融合,根本目的在于更好适应人民美好生活新期待,促进满足人民文化需求和增强人民精神力量相统一。

制订《全省优秀文艺作品创作生产三年行动计划(2020 - 2022 年)》,建立三级重点作品创作管理机制、文艺创作展演示范点,立项扶持话剧《国之重器》等 21 部作品。长篇小说《父亲的入党申请》、电视剧《中国粮》入选中宣部重点跟踪项目,电影《去找崔道植》荣获中央文化产业发

11

展专项资金支持。打造"城市之光""金色田野"活动品牌,推出第四届农民文化艺术节、"冰天雪地、美好生活"等群众性文化活动 7000 余场。开展"书香满龙江"全民阅读,举办"书中自有春日"等主题活动 600 余项。推进数字农家书屋阅读平台建设和农村电影放映工程,提供免费图书 10 万余种,农村电影放映 9 万余场。实施省精品图书出版工程,19 个项目获国家级基金资助,以省委名义表彰第二届黑龙江省出版奖。黑龙江博物馆新馆、文学馆和版画博物馆建设有序推进……

到博物馆看展览,在家门口听大戏,去文化站上网冲浪……全省文化惠民工程遍地开花,既有"便利快餐",又有"饕餮盛宴",群众精神文化生活美了美了、醉了醉了。

深化体制改革,释放新活力

向改革要动力,向改革要效益! 深化体制改革,是解放和发展文旅生产力的根本途径。全战线始终坚持以供给侧结构性改革为主线,运用改革思维、改革办法,推动文旅之舟在改革之海扬帆远航。

倾力打造"极光新闻"客户端融媒平台,利用人工智能技术组建全国首个区块链新闻编辑部,形成多声部的宣传矩阵,注册用户已达 210 万。县级融媒体中心建设稳步推进,实现省市县三级贯通。建成全省智慧旅游平台,对接重点景区视频 94 个、闸机 31 个,形成一体化的智慧旅游监管服务模式。省广电网络集团与国网整合,黑龙江新闻社、省演艺集团改革,黑龙江日报印务中心、冰城画廊转企改制……

各项改革蹄疾步稳,方法路径愈加成熟:坚持问题导向,奔着问题去、对着问题改;坚持系统观念,下"一盘棋",打"组合拳";坚持法治方式,在法治轨道上推进改革,在深化改革中完善法治……

强化产业发展,培育新动能

推动高质量发展是"十四五"时期经济社会发展的主题,也是全省文旅产业发展一直以来的目标。

编制文化强省建设规划和全域旅游、冰雪产业规划,出台国有文化企业提质增效行动计划、省属国有文化企业重大事项管理暂行办法、进一步支持文化产业高质量发展的若干意见,将文化大数据体系建设工程纳入全省"十四五"规划。推动龙腾文化艺术区、文化产业投资基金、北方剧场冰秀项目建设。组织文旅企业参加第十六届中国(深圳)国际文化产业博览交易会,获优秀组织奖和优秀展示奖。加强旅游资源推广,成功举办第三届旅发大会、首届"未来影像·冰雪电影展"、文旅助农直播等活动,组织家乡明星、网络红人为龙江"打 call",为实现文旅产业全链条、多元化、集群式发展聚能加油。在"2020 年冰雪旅游十大人气传统目的地"榜单上,黑龙江占据"半壁江山",哈亚雪黄金线路领衔"冰雪旅游十大人气线路"。

如今,全省文旅产业资源要素配置进一步优化,各类文旅市场主体不断壮大,标志性的文旅产业项目逐渐增多,"一核、一带、两廊、三区块"的产业空间布局正在推进……陌上花渐开,希望次第来。实现龙江文旅产业高质量发展,我们有信心有能力。

锻造主力军,以"大宣传"强势立业

"宣传思想工作是党的一项极端重要的工作""坚持党管宣传、党管意识形态、党管媒体""做好宣传思想工作必须全党动手""努力打造一支政治过硬、本领高强、求实创新、能打胜仗的宣传思想工作队伍"。全省牢记习近平总书记殷殷嘱托,全力推动宣传思想工作实起来、强起来。

以党建为统领,增强组织力

让党的旗帜高高飘扬,是宣传思想工作的方向所在、力量所在、优势所在。

始终把全面加强党的领导放在首要位置,坚持以党的政治建设统领宣传思想工作,加强党员干部党性教育,严守党的政治纪律、宣传纪律、工作纪律,不断提高政治判断力、政治领悟力、政治执行力,营造良好的政治生态,打造健康向上的机关文化,激发干部爱岗敬业、求实奉献的工作劲头。

当好党的"喉舌",坚定不移地体现党的意志、反映党的主张、维护党中央权威、维护党的团结,旗帜鲜明爱党、护党、为党,龙江宣传人初心不改、使命不息!

以《条例》为遵循，增强凝聚力

《中国共产党宣传工作条例》作为宣传领域的主干性、基础性党内法规，以刚性的法规制度为全党开展宣传思想工作提供了有力指导和重要支撑。

省委出台贯彻落实《条例》的若干措施，明确 55 项重点任务，并提出"四个纳入"的工作要求，把各方职责明确起来，把各种力量调动起来，构建横向联合、纵向互通、齐抓共管的"大宣传"格局，确保中央和省委关于宣传思想工作的决策部署落地生根。开展若干措施解读报道，13 位市（地）委宣传部部长集体发声阐释，掀起立体式学习宣传贯彻热潮。

全省宣传思想工作发生深层次、根本性变革，宣传思想部门底气十足、信心倍增，工作共融、资源共享、制度共建、发展共赢的局面正在形成。

以"四力"为目标，增强战斗力

宣传思想工作是专业性很强的工作，没有"几把刷子"是干不了的。

深入开展增强"四力"教育实践工作，加大干部培训力度，加强年轻干部使用，培厚人才成长沃土。开展"读书成长季"活动，营造爱读书、读好书、善读书的浓厚氛围。提升信息工作质量，实施"盛轩"品牌计划，在中宣部高端信息平台发稿数量创历史新高。开展"铸魂小康龙江"调研，形成重点调研成果 78 篇。开展"走城入县访村"调研，省委宣传部部务会议成员分别率队，实现重点线路和特色调研点调研全覆盖，6 篇调研成果入选"全国优秀调研报告"。

脚行万里眼自开，思如大江笔如锋。全战线干部"四力"不断增强，"绝知此事要躬行"的脚步愈发勤快，"万事浮云都勘破"的慧眼愈发深邃，"纷繁世事多元应"的头脑愈发灵活，"文章不写半句空"的文风愈发朴实。

"知向何处则方向不惑，明所从来则动力充足。"

2021 年是建党百年、"十四五"开局之年。

百年大业，像一泓清泉，流淌着岁月之歌；

新猷大展，似一把火炬，引领着前进之路。

征途漫漫！不畏山高路远的宣传人，山川会回馈以最奇绝的秀色；

惟有奋斗！勇于顽强拼搏的龙江人，历史会回报以最壮丽的山河。

决战脱贫攻坚　决胜全面小康　为统筹推进疫情防控和经济社会发展提供坚强思想保证和强大精神动力

中共哈尔滨市委宣传部

2020 年,哈尔滨市宣传思想文化战线认真贯彻党中央和省、市委决策部署,聚焦主题主线,服务中心大局,应对大战大考,在理论宣传、抗疫宣传、主题宣传、对外宣传、舆论引导、文化发展等方面取得明显成效,特别是成功复牌并蝉联全国文明城市,体现新担当、展现新作为,在稳中求进、守正创新中焕发新气象,在砥砺奋进、攻坚克难中迈上新台阶。

一是高举旗帜、定向领航,推动习近平新时代中国特色社会主义思想学懂弄通做实。完善党委(党组)理论学习中心组等各层级学习制度,用好"学习强国""极光新闻""哈尔滨宣传""冰城微学习"等学习平台,围绕学习《习近平谈治国理政》第三卷和习近平总书记系列重要讲话精神,组织市委理论中心组集体学习研讨 10 次,《哈尔滨日报》刊发学习研讨文章 42 篇,全市 15 万名党员干部读"三卷"、学思想、用思想,用党的创新理论滋养初心、引领使命、推动工作。统筹做好党的十九届五中全会和省、市委全会精神宣传宣讲,组织市委宣讲团集中宣讲 70 场、区县(市)委宣讲团宣讲 630 余场,开展"百姓宣讲、志愿同行"理论宣讲 100 余场,让党的创新理论"飞入寻常百姓家"。聚焦"三新""六稳""六保"等重大理论和现实问题,推出 30 项重点课题研究成果,在中宣部"学习强国"、《思想政治工作研究》、中国文明网、省委《奋斗》刊发理论阐释文章,为哈尔滨振兴发展提供科学的理论指引。旗帜鲜明站到意识形态斗争第一线,全面落实意识形态工作责任制和宣传工作条例,认真做好中央巡视反馈意见整改,强力推进风险防控和巡察检查,着力加强新闻出版阵地建设,"7·16"侵权盗版案件专案组荣获全国"扫黄打非"工作先进集体。网络文明建设全面推进,构建网络综合治理体系和应急处置快速反应机制,坚决维护政治安全和文化安全。

二是风雨无阻、勇往直前,营造团结奋进的良好舆论环境。面对突如其来的新冠肺炎疫情,全市宣传思想文化战线闻令而动、尽锐出战,在省、市委的正确领导下,统筹网上网下、内宣外宣、大屏小屏、前方后方,坚守宣传报道阵地,唱响主旋律、汇聚正能量,深入宣传习近平总书记和党中央重大战略部署,充分报道各地区各部门联防联控的措施成效,生动讲述哈尔滨抗疫故事,科学普及健康理念和传染病防控知识,建立新闻发布会与每日例行发布相结合的发布机制,多层次高密度发布权威信息,有力引领和凝聚了同心战"疫"、共克时艰的强大力量。聚焦"决胜全面小康、决战脱贫攻坚"最后冲刺,组织开展"走进我们的幸福小康"系列主题采访,推出落实"六稳""六保"、产业项目建设、优化营商环境等系列重点报道,广泛开展"决胜小康、奋斗有我"群众性宣传教育,组织"决胜小康·美在哈尔滨"群众性文化活动,选树一批"最美脱贫攻坚奋斗者",营造了强信心、暖人心、聚民心的浓厚氛围。协调中央主流媒体推出"权威访谈"哈尔滨城市篇系列报道,《人民日报》、新华社、《经济日报》、央视《新闻联播》刊(播)发王兆力书记访谈报道;与央视新闻频道共同策划《相对论·众城共话——基本盘如何保》哈尔滨专场大型网络直播和"坐着高铁看中国"——哈大高铁线路直播报道,让哈尔滨的小康故事、脱贫故事、振兴故事在中国大地上回响。

三是明德立德、凝神聚力,形成向上向善的良好社会风尚。把提高社会文明程度作为全面振兴发展的重要目标,完善创城指挥体系、督导体系和整改机制、问责机制,连续打赢复牌战、保牌战,第三次蝉联全国文明城市殊荣,召开创城总结表彰大会,进一步增强全市人民精神力量。大力弘扬社会主义核心价值观,深入贯彻落实"两个纲要",出台《哈尔滨市文明行为促进条例》,宣传一批道德模范、感动人物和诚信典型,深化未成年人思想道德建设,向全社会传递了崇德向善、共建文明的鲜明导向。组织开展纪念抗战胜利75周年主题宣传教育,举办侵华日军细菌战档案史料专题展和国防教育展。建成10个国家和省、市级新时代文明实践中心试点,国家农业农村部和中央文明办在通河县召开现场会。广泛开展学雷锋志愿服务活动,组织全市志愿服务队伍3405支、志愿者9.3万人次参与疫情防控;开展厉行节约、反对浪费和垃圾分类宣传,推出文明实践"哈十条",倡导文明健康的生活方式,促进市民道德水准和文明素养不断提升。

四是科学应变、勇开新局,推动文化事业和文化产业高质量发展。立足"两个大局",统筹推进疫情防控和经济社会发展,采取超常规刺激政策,发放政府文旅消费券,设立稳企稳岗资金,打造文化金融服务平台,开通深圳文交所哈尔滨服务专区,举办文化旅游创意集市、冰城夏都文旅超市,以文旅产业强势复苏带动全市经济增长由负转正。加快推进媒体深度融合,县级融媒体中心建设全部完成,"冰城+""冰橙V"等一批融媒体平台受众影响越来越大。创新搭建云开幕、云展厅、云招商、云签约、云数据"五朵云"平台,成功举办"云秀·哈尔滨"城市主题宣传,搭建深圳"云上文博会"哈尔滨展馆,全面开放哈尔滨博物馆群,汇聚成与时代同行的文化气象。大力推进文化供给侧结构性改革,组织创作抗疫文艺作品800余项,举办"戏曲进校园"云系列活动,推出大型交响音乐会、交响芭蕾等,提前策划"庆祝建党百年"文艺创作活动,用优秀文艺作品温暖人心、鼓舞斗志。大力推动对外宣传和文化交流改进创新,与中国旅游研究院联合举办2020中国冰雪旅游发展论坛,哈尔滨连续蝉联全国"十佳冰雪城市"之首,与国家外文局联合举办2020中国(哈尔滨)新闻出版产业融合发展推介会,与新华网联合举办"2020中国企业家博鳌论坛哈尔滨之夜",在美国Facebook等社交媒体开设"魅力哈尔滨""音乐之城哈尔滨"等账号,全面展示新时代哈尔滨的城市形象。

守正创新　迎难而上　谱写鹤城全面振兴全方位振兴绚丽篇章

中共齐齐哈尔市委宣传部

2020 年,注定在历史长河中留下深刻印记。因为有太多瞬间值得铭记,有太多记忆让人难忘。

"新冠肺炎疫情""脱贫攻坚""全面小康""双胜利",一个个关键词,串联起一个个重要的事件和时间节点,标注进历史的坐标之中。

站在"两个一百年"的历史交汇点,在市委、市政府的坚强领导下,全市宣传思想文化战线坚持守正创新、迎难而上,在决胜全面小康中展现新作为,在战"疫"大考中焕发新气象,在践行"四力"中实现新突破,推动宣传思想工作不断强起来实起来,为谱写鹤城全面振兴全方位振兴绚丽篇章提供了有力的思想保证、舆论支持、精神力量和文化条件。

强化理论武装 筑牢思想根基

高举旗帜,凝心聚力,把思想的伟力激荡在每一个奋斗者心间。这是时代赋予宣传思想工作的特殊使命。

一年来,我们坚持学贯结合、培根塑元,把学习宣传贯彻习近平新时代中国特色社会主义思想作为首要政治任务,用党的创新理论武装头脑、滋养初心、引领使命,让党的旗帜在鹤城大地始终高高飘扬。

——走深走实走心,理论学习阐释不断加强。欲事立,须是心立。置于特殊年份,面对大战大考,市委坚持"强设计、重创新、求实效",以"关键少数"带动"绝大多数",带头开展理论中心组学习 6 次,举办集中封闭读书班,组织系列研讨交流,在深学彻悟笃行中汲取政治力量、思想力量、行动力量。秉纲而目自张,执本而末自从。全市各级党委(党组)和党员干部认知跟进、学习跟进、行动跟进,全年累计开展中心组学习 7000 余次,覆盖党员干部近 6 万人,"学习强国"新增注册学员 13.5 万人,"极光新闻—百万党员读《习近平谈治国理政》第三卷"活动群众参与人次达 270 万,全民领悟新思想的热情不断升腾,学习新理论的热潮持续涌动。

——通俗化大众化,理论宣讲接地气入人心。知之愈明,行之愈笃。新的思想一旦被干部群众接受、知晓、明白,就会迸发出万众一心、众志成城的磅礴力量。一年来,我们紧紧围绕学习宣传贯彻党中央及省、市委重要会议精神、重大决策部署,深入开展理论宣讲"七进"活动,持续掀起学习热潮。市委常委带头深入基层开展宣讲,市委宣讲团、理论专家宣讲团和文艺宣传小分队充分发挥自身"小快准""精准实"的组织优势,深入街头巷尾、田间地头开展"面对面"和"键对键"式宣讲 2.2 万场,让党的创新理论"飞入"更多"寻常百姓家"。

——深耕思想田野,理论研究成果实实在在。立时代之潮头,通古今之变化,发思想之先声。一年来,我们发挥理论研究咨政辅政作用,积极补短板、建机制、强能力,制定《齐齐哈尔市新型智库建设工作规则(试行)》,确立了 5 个重点培育智库的组织架构,补充各类智库专家 60 余人。围绕提高治理体系治理能力现代化,推进重点产业倍增计划,坚决打赢打好三大攻坚战等重点领域,坚持开专题、拓思路、谋创新,推出了一系列对政策制定有参考价值,对事业进步有推动作用的优秀成果。

讲好战"疫"故事 弘扬抗疫精神

2020 年,殊为不易;2020 年,艰苦卓绝!

面对突如其来的新冠肺炎疫情,全市宣传思想文化战线胸怀大局、把握大势、着眼大事,闻令而动、尽锐出战,用号角振奋精神,用事实消弭恐慌,用关怀抚慰创伤,为打赢疫情防控人民战争、总体战、阻击战提供有力舆论支持。

——挺进防控一线,坚定抗疫信心。惊涛骇浪从容渡,越是艰险越向前。一大批新闻工作者提前中止休假、逆行出征,记录感人至深的抗疫故事,定格震撼人心的悲壮瞬间。全市各级媒体策划《战疫情·稳增长·强信心》等专题专栏 29 个,累计发稿 1.3 万条,并创新推出《769 份请战书》《风雪中党旗飘扬》等一批阅读量千万级的图文、短视频、H5,深入宣传习近平总书记重要讲话重要指示批示精神和党中央决策部署,宣传各行各业、各部门的迅速行动和积极成效,凝聚起战"疫"情、抓发展、奔小康的磅礴力量。

——创新防疫宣传,回应社会关切。疫情防控阻击战打响后,市委宣传部第一时间启动宣传引导应急响应机制。市政府新闻办举办 7 场疫情联防联控新闻发布会,及时精准回应疫情防控、医疗救治、物资保障、市场供应、复工复产等热点问题。各地新时代文明实践中心和融媒体中心以"铺天盖地,家喻户晓"为标准,全面加大线上文化产品供给力度,充分发挥"村村响"大喇叭的宣传优势,全天候、不间断播发健康提示 8700 余条、2.9 万次,运用新媒体制作战"疫"短视频 3.6 万条,点击量突破 1.7 亿次。一次次发声、一帧帧影像、一篇篇图文,用鲜活视角诠释着宣传思想文化战线全员战"疫"的使命担当。

——打好文艺战"疫",唱响抗疫和声。"寒风吹动你的衣衫,口罩遮挡你的容颜,我看不清你的脸,但记住了你的眼……"在疫情防控最吃劲的关键阶段,一首《我看不清你的脸》迅速传遍鹤城大地,为寒风中值守的志愿者带来了"一抹久违的温暖"。疫情发生以来,全市广大文艺工作者迅速投身文艺战"疫",为冲锋在抗疫一线的医务人员画像,为奋战在抗疫基层的党员干部抒怀,为奔走在抗疫战场的人民群众讴歌,累计创作各类抗疫题材作品 9600 多件,用平凡壮举、暖心故事传递出"没有一个冬天不可逾越,没有一个春天不会来临"的笃定信念。

做强主流舆论 凝聚奋进力量

记录时代变迁,见证卜奎蝶变。一年来,全市宣传思想文化战线坚持中心工作在哪儿,宣传工作就跟进到哪儿,牢牢把握正确舆论导向,唱响主旋律、弘扬正能量、提振精气神,以"最强音"为鹤城放歌立言。

　　——主题宣传浓墨重彩。坚持团结稳定鼓劲、正面宣传引导,紧紧围绕市委市政府中心工作,在市级媒体开辟专题专栏18项、62个,推出《从"贫困县"到"鱼米乡"》《打造"小院"经济新模式 脱贫攻坚有保障》《产业项目"春之声"》等一系列有分量、有深度的专题报道,运用生动鲜活的典型事例,全方位展示全市在经济社会发展、实施乡村振兴战略、决战决胜脱贫攻坚等方面取得的亮点成就,多角度呈现鹤城在全面振兴全方位振兴伟大征程中的生动实践和火热场景。

　　——对外宣传亮点频出。精心组织"走向我们的小康生活"网络媒体看鹤城活动,邀请人民网、新华网等30余家主流媒体来齐深度采访,累计刊发稿件1420余篇,网络整体阅读量及事件曝光量达2.38亿次,鹤城之名再次传遍大江南北。着眼全市经济逆势上扬这一醒目亮点,不断加大对外宣传推介力度,来齐采访媒体层次、报道数量均创历史新高,其中省级以上主流媒体发稿948篇,同比增长58%。新闻内参《经济逆势增长提振齐齐哈尔市各界发展信心》得到省委书记张庆伟批示,鹤城"好声音"愈发激昂嘹亮。

　　——媒体融合持续深入。全面推进市县两级融媒体中心建设,10个县级融媒体中心建设扎实推进,app商城上架、互联网新闻信息服务许可证获取、app推广整市综合下载量均走在全省前列。拓展融合广度,"媒体＋政务＋服务＋特色产业"建设已基本破题,便民惠民功能日益完善,自身造血能力显著增强,县级融媒体中心传播力、引导力、影响力、公信力得到不断提升。

坚持立德树人 强化价值引领

　　文明,见证着一座城市的温暖与感动。文明创建,锻造着城市的形与魂。

　　如今,走在鹤城大街小巷,人们总能感受到精神文明建设带来的巨大变化,生活环境美丽整洁,社会秩序规范有序,凡人善举不断涌现,志愿服务蔚然成风,移风易俗深入民心,一阵阵文明清风扑面而来。

　　——主流价值深培厚植。把理想理念教育融入各项主题教育、创建活动和典型宣传之中,不断抓好人的心灵建设和社会风尚建设。利用党报党刊、广播电视、"两微一端"等阵地平台,持续弘扬社会主义核心价值观。组织开展以"弘扬伟大抗疫精神,增强学生爱国情感"为主题的"开学第一课"活动,积极引导当代学生立牢爱国之志,永践报国之行。策划推出"铭记历史 奋勇向前"抗战故事联展活动,通过一幅幅图片、一件件展品,再现先辈光辉事迹,让爱党爱国之情成为鹤城群众心间最浓烈的情怀,化作干事创业的不竭动力。

——典型带动示范引领。榜样是最好的说服,示范是最强的引领。一年来,全市广泛开展"战疫有我·感动龙江""最美鹤城人"等先进典型选树宣传,涌现出"感动龙江人物"于铁夫、"全省道德模范"王春天、"最美脱贫攻坚奋斗者"乔福军等省级以上先进典型 67 人,让城市时刻闪耀文明光亮。深入推进志愿服务体系建设,全市 40 多万名志愿者、4000 余支志愿服务团队如满天繁星般遍布全城,志愿者活跃度超过 60%,用暖心之举、爱心接力,点燃鹤城崇德向善的文明火炬,"爱鹤之城·好人之城"品牌愈加闪亮。

——文明新风广泛弘扬。文明花开结硕果,同心掬得满庭芳。全市坚持以"五大创建"为抓手,社会主义核心价值观深入人心,文明追求"日用而不觉":餐桌上,"使用公筷公勺""反对餐饮浪费"渐成时尚;马路和车站机场上,相互礼让、有序排队成为默契;社区和村里,随手做志愿、垃圾分类成为习惯……一街一景、一言一行,每一个"小气场"汇聚成文明"大气候"。在新一届的全国文明单位评选中,有 24 个全国文明单位、2 所全国文明校园、12 个全国文明村镇(社区)、1 户全国文明家庭受到中央表彰,总体数量位居全省前列。文明实践活动丰富多彩,新时代文明实践中心、所、站建设提前三个月实现全覆盖,并创新设置实践点 140 个,相关工作经验获中宣部全国推广,成为展示城市形象的亮丽名片。

繁荣文化事业 展示自信鹤城

文化铸魂,自信逐梦。文化自信是一个国家、一个民族发展中更基本、更深沉、更持久的力量,与国家、民族的根和魂紧密相连。

根植一方文化沃土,全市坚持多轮驱动,聚力做优做强,广泛开展群众文化活动,持续推进公共文化服务体系建设,加强文艺作品创作生产工作,文化事业和文化产业迎来了百花争艳、欣欣向荣的新局面。

——创作活力不断激发。全面打造提升九大特色文化品牌,锻造城市之魂,增强文化自信。以中国一重改革发展为内容的报告文学《而今迈步从头越》发表在《北方文学》;大型工业题材话剧《国之重器》入选文旅部“百年百部”创作扶持计划;电视剧《中国粮》入选中宣部重点跟踪项目;音乐剧《湿地深处》将代表黑龙江省参加2021年全国第六届少数民族文艺会演;达斡尔族民俗电影《多日根的婚事》成功杀青……全市文艺精品创作从高原向高峰进一步跟进,城市文化自信进一步增强。

——供给能力不断提高。全面开展百年历史品牌资源挖掘工作,延续城市历史文脉,金界壕遗址(碾子山段)入围第一批国家级长城重要点段名单。着眼提升公共文化服务效能,推动村级综合文化服务中心等现有项目资源整合,为乡村群众提供更精准、更有效的服务。加强农家书屋图书补充更新,举办“第十五届鹤城读书月”等全民阅读活动240余场,点燃了广大民众的阅读热情。组织开展文化科技卫生“三下乡”“文化进万家”等文化惠民活动,成功举办“鹤文化艺术节”“职工文化活动周”等群众性文化活动350余场,惠及百姓逾10万人次,把优秀文艺作品送到建设一线、军营社区、田野乡村。

——文化产业不断升级。深化文化体制改革,持续推进市级国有文艺院团市场化运营方式改革,增强发展新动能,激发内生新动力。支持传统产业提档升级,黑龙江冰雪艺术陶瓷文化产业项目入选省级专项资金扶持项目,AA+影视创新创业基地获得首届“龙创杯”创业创新大赛优秀项目奖,创作影视动漫剧本140余部,累计获得创投资金达2.3亿元。推动新兴产业发展壮大,重点谋划一批轻资产文创产业项目,引进禾速、坚果、羽鹤等一批大型互联网新业态文化企业,仅在“来齐购”助力脱贫攻坚首场直播带货中,就成功销售产品1.5万单,销售额近200万元,用网络直播新形式赋能经济新发展,卖火当地产品,带活当地产业,助力经济复苏。

时序轮替春将至,砥砺奋进又一年。2021 年是中国共产党成立 100 周年,第十四个"五年计划"开局之年。面对新的壮阔征程,全市宣传思想文化系统必将永葆初心、牢记使命,乘风破浪、扬帆远航!

忠诚担当　勇毅前行　全面夺取疫情防控和经济社会发展"双胜利"

中共牡丹江市委宣传部

　　2020 年,牡丹江宣传思想文化战线以习近平新时代中国特色社会主义思想为指导,全面贯彻落实党的十九大和十九届历次全会精神,深入贯彻落实全国和全省宣传部长会议精神、全市宣传思想暨网信工作会议精神,牢牢把握正确的政治方向、舆论导向和价值取向,为决胜全面建成小康社会、决战脱贫攻坚,全面夺取疫情防控和经济社会发展"双胜利",推动牡丹江全面振兴全方位振兴提供坚强思想舆论保证和精神支撑。

　　(一)加强理论武装,持续推进习近平新时代中国特色社会主义思想入脑入心、落地生根

　　以学习宣传贯彻习近平新时代中国特色社会主义思想和党的十九大、十九届历次全会、全国"两会"精神为主线,扎实推进理论武装工作。一是改进理论中心组学习。充分发挥市委理论学习中心组的引领作用,围绕习近平总书记在统筹推进新冠肺炎疫情防控和经济社会发展工作部署会议上的讲话精神、党的十九届五中全会精神等核心内容,组织市委理论中心组学习 12 次,努力打造理论学习的"示范班"。严格执行《中国共产党党委(党组)理论学习中心组学习规则》,组织党委(党组)中心组理论学习考核,开展党委(党组)理论中心组学习方式调研,推广宁安市委理论学习中心组"一线四步"学习法,推动市直部门党组、县(市)区委理论学习中心组制度化、规范化。二是深化理论宣讲和理论普及。构建市委中心组成员、市直部门〔县(市)区委〕主要负责同志、理论宣讲骨干三

级宣讲体系,围绕党的十九届四中、五中全会精神和省市委全会精神等内容,分领域、分层次、分行业开展互动化理论宣讲 200 场,受众 3 万余人,经验做法《发挥新媒体优势推动理论宣传深入人心》获得省委宣传部肯定,在《思行月刊》上刊发。三是加强理论宣传载体建设。持续学好用好"学习强国"学习平台,在高校师生、民营企业、社区居民中拓展用户 4 万余人,向省"学习强国"平台报送稿件 300 余篇,刊发 160 余篇,拓宽线上学习渠道;"极光新闻"app 的有效参与率稳居全省地(市)系统第二名;加强新"雪城理论"和"雪城理论学习"微信公众号学习平台建设,编印《基层治理到社区》口袋书;印发《加强理论武装实施办法》,会同市依法治市办(市司法局)创办"雪城发展讲堂",推动理论武装务实创新。

(二)加强宣传引导,倾力凝聚全面打赢疫情防控人民战争、总体战、阻击战的强大正能量

以全面贯彻习近平总书记关于疫情防控工作的重要讲话和指示批示精神为核心,坚决落实省市委防疫工作部署,积极稳妥做好疫情防控宣传引导工作。一是持续做好宣传报道。在市主要媒体开辟专栏、专版,转发上级指定作品 800 余件,刊发科普类稿件 11000 余篇(条)。在中央、省级主要媒体系统推送外宣报道 5000 余篇,《黑龙江绥芬河口岸输入病例全部治愈出院》上央视新闻联播和提要,《牡丹江多产业助力扶贫 贫困户持续增收》在学习强国平台阅读量 460 多万。二是全面助力群防群治。充分利用各种宣传平台,引导群众做好自我防护,营造万众一心抗击疫情的舆论氛围,凝聚起众志成城、共克时艰的强大正能量。动员近 6 万志愿者有序参与疫情防控,发出"居家阅读以读攻毒"倡议,组织文艺工作者创作战"疫"文艺作品近万件,《战"疫"纪念相册》、"同心抗疫致敬英雄"大型演出获一致好评。三是有效回应公众关切。组织新闻发布会 15 场,公开、透明、及时、准确发布权威信息,迅速稳定公众心理。整合舆情信息,推动群众急、难、愁、盼问题快速有效解决,有力纾解公众情绪。四是大力选树先进典型。开展"致敬英雄——抗疫雷锋在身边"学习宣传活动,组织"最美白衣战士"颁奖典礼。市康安医院院长贾富祥、绥芬河第一医院核酸检测组分别荣获全省"战疫有我、感动龙江"年度人物奖和提

名奖,穆棱电视台戚利获中国记协 5 万元援助,《牡丹江日报》记者唐凤来获"全省抗击新冠肺炎疫情先进个人""全省优秀共产党员",《牡丹江晨报》记者肖宝平获"全省抗击新冠肺炎疫情先进个人",为全市疫情防控添上浓墨重彩的一笔。

(三)强化主流舆论引导,努力营造全面振兴、全方位振兴的强大舆论声势

以"决胜全面小康、决战脱贫攻坚"为主题,深入贯彻省市委决策部署,唱响牡丹江晋位争先主旋律。一是深化主题宣传报道。聚焦十九届五中全会、省委十二届八次全会、市委全会等重大战略部署,组织专项宣传活动 7 次,刊发深度报道 40 余篇;围绕脱贫攻坚、复工复产、旅发大会等重点工作,开辟专栏专版 6 个;开展"区委书记专访"特别报道,推出县市区委书记、市直相关部门一把手系列署名文章,刊发动态稿件 300 余篇(条);围绕选树先进典型,刊发稿件 3600 余篇(条),推出脱贫攻坚先进典型 28 人;加强媒体监督,刊播稿件 191 余篇(条),曝光部门 8 个。二是加强县级融媒体中心建设。建立县级融媒体关键数据定期通报制度,制定县级融媒体中心考核标准,引导县级融媒体中心高质量完成软著上架,顺利通过省委宣传部检查验收;推动新闻传媒集团和六县市融媒体业务骨干赴省台挂职研修,融媒体创新能力和生产水平不断提升。绥芬河新媒体用户下载量、穆棱马小乐新媒体品牌受省委宣传部表扬;绥芬河电视台记者李扬作为全省唯一选手荣获"好记者讲好故事"全国总决赛优胜奖,参加 2020 年"好记者讲好故事"全国巡讲,展示了牡丹江新闻队伍的风采和精神风貌,获贾玉梅部长关注。三是加强舆论导向管理。严格执行新闻宣传工作日调度、周通气、月策划、季小结、年报告制度,强化对全市媒体栏目、内容、版面的管理,确保新闻舆论工作方向明确、导向正确。

(四)强化融通贯通,着力推动社会主义核心价值观落细落小落实

以核心价值观融入生活、融入日常为主线,推动社会主义核心价值观落细、落小、落实,不断增强社会主义核心价值观的凝聚力和感召力。一是推动社会主义核心价值观融入日常融入生活。开展"我和我的祖国"、抗日战争暨世界反法西斯战争胜利 75 周年、国防教育月等重大主题宣传

活动,并在黑龙江"学习强国"平台播出;评选最美脱贫攻坚奋斗者、最美产业工人,推出各类先进典型 56 个,使核心价值观建设与日常生活同频共振;成立大中小学思政课程一体化指导委员会,出台《关于进一步加强和改进思想政治理论课建设的实施意见》,评定第二批精品课程和授牌教学课程,编撰《红色牡丹江》思政教材 11 册,使核心价值观融入国民教育全过程。二是推动社会主义核心价值观融入城市建设。实施"红色文物资源普查及保护利用工程",推动《牡丹江市红色文化遗存保护条例》立法,规范红色文化遗存的认定、保护、管理和利用,评审第三批全市爱国主义教育示范基地,推出中共六大历史资料馆、造纸博物馆等一批示范作用突出、教育意义重大的展馆;实施红色文化云端工程,开展"云游红色牡丹江"红色文化线上宣传展示活动,录制34 处爱国主义教育展馆、红色文化遗址宣传视频,通过抖音、快手等融媒体平台累计播放 2000 多次。其中,中共六大历史资料馆被列入省级爱国主义教育示范基地。

(五)强化文明城市创建,奋力提升精神文明建设水平

继续巩固和提升全国文明城市创建成果,着力强基础补短板、抓亮点树品牌,推动文明城市创建向更高标准、更高层次、更深内涵迈进。一是深化全国文明城市创建。集中推进 15 个专项整治提升行动,实地调研市区 21 个城中村,顺利完成实地考察督导、迎接中央文明办考核组实地检查测评、全国文明单位(村镇)推荐等重点任务,并在全省文明城市创建工作视频推进会上做交流发言;开展"文明健康有你有我"公益广告宣传活动,启动公益广告创作大赛,牵头举办推广"公筷公勺"行动现场推进会;制定《牡丹江市餐饮服务业公筷公勺实施指引(试行)》,倡导全市餐饮行业推广使用公筷公勺,实行分餐制,开展"光盘行动",有力推进文明城市建设。二是深入推进未成年人思想道德建设。组织立新小学、绥芬河市第三小学参加全国文明校园复检,推荐"新时代龙江好少年"人选 5 名,举办 2020 年牡丹江"新时代好少年"现场发布暨颁奖典礼;开展"我们的节日"主题系列活动,普及传统文化知识、开展节日文化活动、营造节日文化氛围。其中,绥芬河市被授予第六届全国未成年人思想道德建设工作先进城市称号,彭子骅成为我省首位荣获全国"新时代好少年"殊

荣的学生,未成年人思想道德建设成效显著。三是深入开展群众性精神文明创建。组织开展"德礼满龙江"公民道德建设宣传月宣讲 20 余场,宋长虹家庭入选第二届全国文明家庭候选名单,海林市公安局第一派出所副所长原野,荣获"中国好人"称号,群众精神文明建设硕果累累。四是深化拓展新时代文明实践中心建设。紧扣"凝聚群众、引导群众,以文化人、成风化俗"的目标定位,以"文明实践、铸魂育人"为主题,深入开展"理论宣讲"等文明实践活动。组织全市各级文明单位(校园)与新时代文明实践中心(所、站)结对共建,在城区社区和城中村党群服务中心挂牌建设新时代文明实践站,建成新时代文明实践中心 7 个、实践所 65 个、实践站 589 个。文明实践的触角横向到边、纵向到底,实现全覆盖。五是深入推进志愿服务制度化常态化。广泛开展"春风春绿"、创建全国文明城市文明交通、文明旅游、推广使用"公筷公勺"、创建宣讲巡展、整洁城市、暖心关爱、《民法典》学习宣传、传统节日主题等 20 余项志愿服务活动,志愿服务在全市蔚然成风。

(六)强化高质量供给,助力提升文化事业服务水平和产业发展水平

以增强群众精神文化"获得感"为主线,提高文化服务供给水平,发展新文创产业,增强全市文化软实力。一是提高公共文化服务水平。在元旦春节期间持续组织"我们的中国梦——文化进万家"系列活动,在中秋国庆期间继续开展群众文化活动和"全面建小康·激情颂龙江"暨 2020 年全市"城市之光"和"金色田野"群众文化系列活动。开展"六一"弘扬优秀传统文化教育活动、"七一"等红色文化教育活动,在线组织"庆七一颂党恩""云赏端午颂党恩"诗歌朗诵系列活动,开展"纪念中国人民抗日战争暨世界反法西斯战争胜利 75 周年"文艺展演活动、红色文化"云分享"活动。文化事业日趋繁荣,满足人民群众文化新期待的能力日益增强。二是加快发展新文创产业。以提高文化供给水平为重点,全年谋划产业项目 33 个,总投资额超 50 亿元;大力建设华创文化创意产业园,招商入驻各类企业 115 家(户),引导就业 3500 人以上,争取产业扶持资金 800 万元以上;优化华创产业园区营商环境,入驻审批效率提高 47%,专项审批效率提高 65%;全年实现营业收入 1.732 亿元、税收

1186.64 万元。文化产业不断壮大,文化引领力不断增强。三是推进文化体制改革。紧扣机构改革总目标,成立 8 个传媒集团改革工作专班,召开领导小组会议、专题推进会、会商会 20 余次,建立改革工作台账,推动工作任务逐件落实,顺利完成新闻传媒中心架构搭建和班子选配等工作;围绕文化体制改革总要求,稳妥推进媒体融合、文旅融合等重点领域改革任务落实,牵头推进图书馆理事会、市群众艺术馆法人治理结构改革,规范文化类自组织建设,启动市级文化市场综合执法改革,推动新闻出版"放管服"改革。文化体制机制不断优化,发展活力日益增强。

(七)强化选题策划,讲好雪城故事,提升牡丹江城市形象

以巩固"大外宣格局"为支撑,把握重要节点,全方位开展对外宣传,多渠道启动形象营销,努力提升牡丹江对外形象。一是做好重大主题外宣。把握重要节点,全方位开展对外宣传、多渠道启动形象营销,全年在《人民日报》、中央电视台等国家级主流媒体发稿 50 篇,创历史新高。其中,春节、元旦、全省全国两会、"十一"黄金周,在央视、《光明日报》、《香港商报》、《黑龙江日报》一版和两会专刊推出报道 26 多篇、100 余次,专访 8 期、特别节目 2 期。二是抓好城市形象提升。在央视《朝闻天下》黄金时段连续 2 个月播出"林海雪原冰雪胜境"城市形象宣传片(冬季版),时长 10 秒;在央视纪录等 4 频道播出大型纪录片《记住乡愁》第六季《宁安古城——北国雪城宁古塔》,时长近半小时;在央视《航拍中国第一季》黑龙江篇中大量呈现雪乡、镜泊湖、地下森林等牡丹江元素;央视新闻客户端直播"云游雪乡"点击量突破 1 亿;在湖南卫视《天天向上》播出《牡丹江海林横道河子慢旅行篇》,时长 15 分钟。三是做好扶贫攻坚成果展示。在央视《新闻联播》播出《牡丹江多产业助力扶贫　贫困户持续增收》报道,时长 2 分 20 秒,实现历史性突破;学习强国平台阅读 460 多万,点赞近 16 万;在央视《第一时间》等多栏目推出《做好"六稳"　落实"六保"　牡丹江大米石上种　高品质助农民增收》;在新华社、《人民日报》海外版、《农民日报》刊发《牡丹江"蘑菇村":"小猴头"助农增收》和《牡丹江宁安蔬菜合作社壮产业助脱贫》,浏览量 160 万。四是做好经济社会发展成就宣传。在央视《新闻联播》等栏目、《人民日报》、《光明日报》持

续推出自贸区建设、百大项目、稳就业等主题报道;促成全省"走向我们的小康生活"主题采访报道组走进牡丹江,10多家媒体集中宣传播发报道30多篇。牡丹江"好声音"传播的范围更加广阔。

(八)强化价值引导,有力推动出版行业"双益"统一

一是开展"扫黄打非"。以"正道""新风"专项行动为平台,深入实施"固边""清源""护苗""净网""秋风"五个集中行动,认真开展"出版物市场专项整治行动月"、两会期间专项检查、涉未成年不良信息出版物专项检查等活动。二是强化版权保护。继续开展"剑网"专项行动和市直机关办公软件正版化工作"回头看"专项检查;组织唐满格格旗袍有限公司省级版权示范创建活动现场核查;开展4·26知识产权宣传周广场宣传活动。三是推进出版公共服务体系建设。开展"书香中国·龙江读书月"系列推广活动110项,制作宣传片《正在阅读的城市——牡丹江》,在全省率先发出"五一春光好,正是读书时"的居家阅读号召,推出"书中自有春日""五一春光好,正是读书时"线上云读书会;打造"雪城朗诵"等本土阅读品牌,举办"云赏端午·颂党恩诗歌朗诵会"活动、"我和我的祖国——情暖万年火山口,共吟家乡月儿圆"主题朗读活动;开展2020"新时代乡村阅读季"系列活动、"我的书屋,我的梦"主题征文和作品征集活动,累计征集到文章155篇,绘画74幅,手抄报48件,书法69幅。

(九)强化能力素质建设,努力提高宣传思想文化战线的创造力、凝聚力和战斗力

坚持锤炼党性修养,以政治建设为统领,开展2019年度科级以下公务员、事业单位工作人员年度考核,组织宣传文化系统公务员选调、事业单位工作人员招聘;组织干部参加十九届四中全会集中交流研讨会、市管干部培训班、第四期"青年学习汇"、市直机关业务知识应知应会考学等活动,开展全市宣传思想文化人才队伍建设调研,干部队伍建设科学化、规范化水平不断提升;扎实开展"百城千县万村"调研,组织"读书成长季"活动,举办《传播学原理》专题学习研讨交流,干部队伍想干事、干成事的能力水平不断提高。调研报告《从边陲小镇迈向国际口岸名城》入选中宣部"全国优秀调研报告",工作经验《改进工作方式提高信息调研工作水平》在全省作工作交流,邹怀武等5名同志撰写的心得体会获省委宣传部表彰。

围绕中心　服务大局　凝心聚力
共同推进全面建成小康社会

中共佳木斯市委宣传部

2020年,佳木斯市宣传思想文化战线在省委宣传部悉心指导下、在市委的坚强领导下,以习近平新时代中国特色社会主义思想为指导,全面贯彻落实党的十九届四中、五中全会精神,以及全国、全省宣传部长会议精神,围绕中心、服务大局,自觉肩负起"举旗帜、聚民心、育新人、兴文化、展形象"的使命任务,聚焦战"疫"战贫,不畏艰险、砥砺担当,为佳木斯全面建成小康社会取得历史性成就提供了有力的思想保证和舆论支持。

一、理论武装持续深化,习近平新时代中国特色社会主义思想更加深入人心

1.理论学习走深走实。市委理论学习中心组率先垂范,围绕习近平新时代中国特色社会主义思想、党的十九届四中全会、五中全会,以及疫情防控、脱贫攻坚等中心工作,理论学习中心组开展集中学习16次,有效带动了全市党员干部学习。做好"学习强国""极光新闻"的使用推广工作,形成了全市党员干部"比学赶超"学习积分的浓厚氛围。充分发挥"全省全民阅读示范城市"的引领作用,大力开展全民阅读活动,掀起了全民阅读活动的热潮。佳木斯市全民阅读工作经验在中宣部《时事报告》杂志刊发,并连续两年荣获全国"新时代乡村阅读季"农民阅读活动优秀组织奖。佳木斯市郊区荣获2020年"新时代乡村阅读季'全国百强县'"荣誉称号。

2.理论宣传广泛覆盖。坚持对象化、分众化、互动化、通俗化的原则，依托"习近平新时代中国特色社会主义思想进万家"活动等载体，围绕《习近平谈治国理政》第三卷、党的十九届四中全会、五中全会和省委、市委全会精神等，共开展理论宣讲800余场，推动党的创新理论"进百姓门、入百姓心"。疫情期间，创新开展线上线下理论宣讲，工作经验得到"学习强国"平台4次推广。

3.理论研究成果丰硕。聚焦实践需要，围绕全市重点难点工作开展理论研究，推出了一大批有分量、有价值的应用研究成果，其中，30余篇成果在《奋斗》杂志刊发，《黑龙江省东部"佳木斯－双鸭山－鹤岗"三市组团发展经济策略研究》首次列入省级经济社会发展重点研究选题。

二、意识形态工作全面推进，马克思主义指导地位更加巩固

1.责任制全面落实。市委多次召开常委会议、宣传思想和意识形态工作领导小组会议，制定工作要点、明确主体责任，压紧压实意识形态工作责任制。把意识形态工作责任制落实情况纳入全市"两强四双"考核，适当增加意识形态工作分值占比，有效推动各地各部门工作顺利开展。

2.阵地管控不断强化。巩固与加强对新闻舆论、文化传播、网络阵地等11个方面阵地的管控，推行文艺演出报批、外请报告人员报审、新闻报道三审等制度，确保导向正确。对全市微信公众号、直播平台和微信小程序等社交媒体账号进行审核登记备案，全面开展网络直播平台专项检查，直播行业监管秩序得到有效规范；集中开展打击邪教专项行动，摧毁"法轮功"窝点5个，抓获违法犯罪嫌疑人39人，确保社会大局安全稳定。

3.整改任务落实到位。严格按照省委巡视整改的各项工作要求，完成了中央、省委巡视反馈问题的年度整改任务。加强对各县(市)区巡视整改工作的指导，成立督导组深入四个城区及富锦市开展巡视整改实地督导检查和巡视整改情况监督检查，全力做好巡视整改"后半篇文章"。

三、新闻宣传强劲有力，爱国主义旋律更加高亢嘹亮

1.主题宣传浓墨重彩。聚焦脱贫攻坚、疫情防控、项目建设、文明城市创建、文化旅游等重点工作,推出高质量新闻报道 3000 余篇,"掌上佳木斯"客户端现场直播"2020 年黑龙江省农民丰收节"点击量超过 30 万 + ,营造了强劲舆论声势,提振了干部群众精气神。

2. 媒体融合统筹推进。扎实推进融媒体中心建设,桦川县、桦南县融媒体中心基建项目全部建设完成并通过验收;所属 6 个县(市)融媒体中心全部完成软件著作权申请及应用商店上架工作,并全部通过验收。桦川县融媒体中心转发省级疫情防治新闻位居全省各县前列;汤原县组织为家乡点赞活动的投票量位居全省第一;富锦市融媒体中心对中央发稿数量突破历史新高。

3. 舆论监督及时有效。聚焦营商环境,盯紧工作作风,组织开展"党风政风热线"走进佳木斯专场活动,针对节目反映的问题,跟踪采访督办,整改成果在省电视台"回音壁"栏目中播出,解决了市民关心的痛点、堵点问题。

4. 新闻管理不断加强。以"抓学习、查隐患、堵漏洞、保安全"活动为抓手,全面开展新闻宣传领域安全隐患和安全漏洞的排查整改工作,保障了新闻宣传内容安全、传输安全、刊播安全。佳木斯日报社王冬代表黑龙江新闻工作者参加全国第七届"好记者讲好故事演讲比赛",荣获"优秀选手称号",充分展示了新时代佳木斯新闻工作者的新风貌。

四、文明建设纵深拓展,全市人民爱家乡的热情更加饱满

1. 社会主义核心价值观落细落小。持续培育和践行社会主义核心价值观,广泛开展"七进"活动,推动核心价值观在基层落细落小落实。制定下发《佳木斯市贯彻〈新时代爱国主义教育实施纲要〉具体措施重点任务分工方案》,围绕重要节庆主题,举办了祭奠抗战英烈、抗战主题展馆展出、抗联文化作品展演展映等系列纪念活动,开展了"弘扬'四大精神'决胜全面小康"宣传教育活动、"百年梦圆 决胜小康"主题论坛等十项牵动性活动,共在国家、省"学习强国"平台发布信息 50 余篇。

2. 公民思想道德建设有力推进。深入贯彻落实《新时代公民道德建设实施纲要》《新时代爱国主义教育实施纲要》,起草了《佳木斯市文明行为促进条例》(草案),制定了《佳木斯市文明祭祀条例》,创编了《佳木斯文明行为"七字谣"》,以文明立法推动市民文明提升。启动全国文明城市创建活动,开展了"创建文明城市 志愿携手同行"活动、"手拉手共创文明城"百日示范活动、"小手牵大手 同创文明城"教育实践活动等,掀起了创城热潮;佳木斯市以及所属四个县(市)被确定为全国文明城市提名城市的候选城市,全域创建文明城市的格局已经形成。以"规范文明行为 弘扬时代新风"为牵动,广泛开展"文明交通""文明餐桌""文明祭祀""公筷公勺"七进等引导活动,全面提升社会文明程度。"文明佳木斯"公众号刊发信息1000余条,其中72条被"文明龙江"公众号转载,《以道德典型引领社会风尚》创新案例,在"文明龙江"刊发,为开展创建全国文明城市工作营造了浓厚氛围。

3. 典型选树硕果累累。栾姝影荣获"全国抗击新冠肺炎疫情"先进个人,张海燕荣获全省"战疫有我 感动龙江"先进人物;马英荣获全省"最美脱贫攻坚奋斗者"称号,李宏荣获"最美脱贫攻坚奋斗者"提名奖。1人荣登"中国好人榜"、8人荣获"龙江好人"称号。乡风文明示范点建设扎实开展,推出省级示范乡镇3个、示范村屯6个。市群众艺术馆被评为"第六批全省学雷锋活动示范点;4家单位被评为全省第七批基层思想政治工作示范点;3家单位进入省委省政府命名的"全省第七批爱国主义教育基地名单"。

4. 文明实践工作不断深化。全力推进新时代文明实践中心建设,已建成新时代文明实践中心8个、实践所71个、实践站561个。省委常委、宣传部部长贾玉梅高度评价佳木斯市新时代文明实践中心建设工作,桦南县成功承办全省新时代文明实践中心试点建设工作现场推进会。围绕"讲、树、治、助、乐、庆"六种形式,深入开展新时代文明实践志愿服务活动2000余次。疫情防控期间,广泛开展各类志愿服务活动,全市3万多名党员志愿者和2万多名社会志愿者下沉疫情防控一线。截至目前,累计开展志愿服务活动8000余次,参与志愿者达5万多人次,志愿服务总时间达35万余小时。

五、文化事业繁荣发展,人民群众的文化生活更加丰富多彩

1. 公共文化服务体系日益完善。稳步推进公共文化服务基础设施建设,实现文博场馆全部免费开放,完成农村电影放映 11500 余场。桦南县被列入第三批省级公共文化服务体系示范区名单。完善 3 个国贫县、77 个行政村文化中心的设施配备。

2. 文艺精品佳作频出。围绕疫情防控,推出各类优秀抗疫作品 2000 余个,摄影作品《坚守》被人民日报以整版的篇幅发表,8 首抗疫音乐作品登陆"学习强国",47 件优秀文艺作品在全省文艺作品创作征集活动中获奖;话剧《冷云》在全市公演;出版发行了图书《佳木斯文学艺术》和摄影集《粮都佳木斯》;在全省第十六届"群星奖"评审中,荣获 17 个奖项,其中 6 部作品获一等奖;开展了佳木斯原创十大金曲征集评选活动,入围 48 首音乐作品将分期分批在智慧佳木斯、佳木斯文联公众号等平台进行展播。

3. 群众文化活动异彩纷呈。举办了 2020 年佳木斯春节联欢晚会、乡村春晚、全市群众文艺展演等活动,丰富群众的文化生活;克服疫情影响,线上开展了"以史为鉴 面向未来"纪念中国人民抗日战争暨世界反法西斯战争胜利 75 周年优秀群文作品展和美术创作作品展、弘扬"四大精神"网络书法展、"东极之春·三江杏花节"系列文化活动,丰富疫情期间群众精神文化活动;以"城市之光""金色田野""三江之声""我们的中国梦"——文化进万家等活动为依托,开展"我和我的祖国"大型秧歌广场舞汇演、送戏下乡、"结对子 种文化"、"三区人才培训"等系列群众文化活动 100 多场,满足了城乡群众文化需求。

六、文化体制改革稳步推进,文化产业发展更富活力

1. 文化体制改革不断深化。多次专题召开文化体制改革专项小组工作会议,研究推进文化旅游产业系列改革措施;出台《佳木斯市文物保护利用改革若干措施》,市博物馆完成法人结构治理改革;撤销佳木斯市音像中心,完成人员安置工作,推进文化体制改革不断走向深入。

2.助力文化企业纾困解难。认真落实国家、省、市出台的扶持政策，通过协助文化旅游企业返还社保费、暂退旅行社质量保证金、关停及减免互联网营业场所网络服务费等具体举措，有效缓解疫情对企业的冲击。

3.文旅活动影响力不断扩大。围绕"东极冰雪·赫哲神韵"这一主题，举办了东极之冬系列冰雪文化活动，全市冰雪文化的影响力再度提升；疫情期间，率先在全省启动线上办节会，举办东极之春线上三江杏花节"10项活动"，特别是成功举办全省农民丰收节，得到省委、省政府充分肯定和高度评价，四季品牌节会的影响力得到提升。

4.文化产业发展态势向好。赫哲族鱼皮技艺传习展示馆项目主体建筑已完工，马华赫哲鱼皮文化有限公司承担的省博馆藏品研发项目，黑龙世家、赫哲人家等系列产品已投产；鱼皮系列旅游商品荣获中国旅游商品大赛铜奖；抚远抓吉赫哲民宿、桦川星火庄园朝鲜民宿、桦南森工民宿已投入运营；6个村入选黑龙江省乡村旅游重点村，3个村入选全国乡村旅游重点村；各县级融媒体中心开展网络直播带货活动，同时，借助淘宝、京东等官方平台开展的"黑龙江省非遗产品"专题版块和快手直播带货"佳木斯专场"活动，产生良好效果。

七、对外宣传声远势强，城市知名度美誉度显著提升

1.主题外宣声势强劲。围绕农业资源、工业基础、地理区位、生态文明、对俄合作五大优势实施五大"采访线"工程，不断壮大外宣声势；出色完成了中宣部"走进我们的小康生活"大型主题采访活动，人民日报、新华社等13家央媒前来采访，其中8家在重点栏目头条发稿，在全国形成了央媒聚焦佳木斯现象。以文化节庆为依托，邀请主流媒体报道三江平原湿地文化季活动，刊发报道60余篇，微博话题阅读量超1000万；全方位宣传报道农民丰收节，发稿100余篇次，黑龙江广播电视台云直播，全网播放总量突破3000万；抚远"边境之窗"审批通过，自主对外宣传推特账号已经建成并发挥作用，新闻国际传播量创近年来新高。

2.对上报道成果显著。累计在省以上媒体发稿3300条，黑龙江日报发表新闻110条；中国青年报报道《黑土地铺展"绿富美"新画卷》阅读量超千万,点赞量 30 万;新华社刊发《黑龙江佳木斯:三江平原腹地备春耕"进行曲"渐响》阅读量 112 万,50 多条新闻点击量突破 10 万 + ,营造了昂扬向上的主流舆论氛围。

3. 新闻发布准确及时。围绕疫情防控、农民丰收节、诚信建设、秸秆产业等主题,召开多场新闻发布会,"佳木斯政务"微信发布 220 期 1800 条,信息时效性、权威性和认可度逐渐提升。

八、出版和版权管理不断加强,版权市场更加规范有序

1. "扫黄打非"成效明显。以"护苗""秋风"等五大专项行动为平台,开展"新风""正道"两项集中行动,全面净化出版物市场和网络文化生态。重点开展了少儿出版物专项市场清查,营造出保护未成年人健康成长的良好文化环境。结合重要时间节点,组织开展清查整治专项行动和不定期抽查检查,确保文化市场平稳有序。

2. 印刷发行不断规范。开展印刷企业年度报告、出版发行单位年度核验、新闻出版统计等工作,摸清行业底数;加大对属地出版物的出版检查力度,确保刊发安全。扎实推进农村阅读工作,创新举办龙江读书月暨"书香满三江"全民阅读活动,营造全民读书的良好氛围;农家书屋"两化"建设稳步推进,出版物补充更新申报增设等工作全面完成,推动农家书屋提档升级。佳木斯市连续两年荣获"新时代乡村阅读季"全国优秀组织奖。

3. 版权管理力度不断加大。全面开展版权执法检查,全年出动执法人员 300 余人(次),执法车辆 100 余台(次),检查行业内生产经营企业 110 家(次),营造良好的网络版权环境。成功举办 2020 年知识产权宣传周活动,在全市营造了强化版权治理,优化版权生态的浓厚氛围。线上开展"绿书签宣传"活动,受到省委宣传部充分认可。

九、队伍建设全面加强,人才事业发展根基更加坚实牢固

1. 党的建设全面加强。不断加强理论学习,深入系统学习党的十九届四中、五中全会精神,《习近平谈治国理政》第三卷,《党章》和《民法

典》,进一步树牢"四个意识",坚定"四个自信",做到"两个维护"。严格落实"双报到、双服务"工作,积极做好市疫情指挥部宣传报道和值班值宿工作,市委宣传部被省委、省政府授予全省"抗击疫情先进集体"光荣称号。

2.干部队伍建设不断加强。持续推进强"四力"教育实践,通过举办部机关年轻干部"四力"系列培训班,不断提高年轻干部综合素养。借助线上培训平台资源,组织新闻媒体从业人员开展业务培训,共计6000余人参加培训。

3.信息调研工作成果喜人。开展全市宣传思想文化战线调研活动,全年共推出40余篇优秀调研成果;高质量完成了省部委托的《关于佳木斯市红色文化资源保护挖掘整理利用的调研报告》重点课题调研任务;《全力推动赫哲族群众脱贫致富奔小康》调研成果在《思想政治工作研究》上刊发,开辟了历史先河。《黑龙江宣传》《决策参考》和"黑龙江宣传"微信公众号发稿量位居全省前列;精心编辑《佳木斯宣传》部刊12期,为基层宣传工作提供交流平台。

守正创新勇担当　践行使命开新局

中共大庆市委宣传部

2020 年,面对战"疫"、战贫的重大考验,大庆市宣传思想文化战线坚持把学习宣传贯彻习近平新时代中国特色社会主义思想作为首要政治任务,牢牢把握"举旗帜、聚民心、育新人、兴文化、展形象"使命任务,紧紧围绕夺取疫情防控和经济社会发展"双胜利"目标任务,为全市"争当排头兵、建设新大庆"提供坚强思想保证、强大精神力量、浓厚舆论支持和先进文化引领。

一、高举思想旗帜,筑牢理想信念

始终把学习宣传贯彻习近平新时代中国特色社会主义思想作为首要政治任务,按照学懂弄通做实的要求,持之以恒、久久为功,切实推动这一伟大思想深入人心、落地生根。一是理论学习不断深入深化。围绕学习《习近平谈治国理政》第三卷和习近平总书记关于疫情防控、脱贫攻坚等方面重要讲话重要指示批示精神等,采取集体研讨、专家辅导、举办读书班等形式,组织市委理论学习中心组集中学习 9 次。指导和督促各县区和市直部门党委理论学习中心组学习,安排任务、压实责任,确保学习效果。组织 6 万多名党员干部参加龙江百万党员读《习近平谈治国理政》第三卷活动,总参与率排名位居前列。规范"学习强国"学习平台使用和管理,激发党员"强国"力量。二是理论宣讲不断深入强化。应对疫情冲击,采取视频化、网络化、分散化方式创新开展重大主题宣讲和基层百姓宣讲,制作推送习近平新时代中国特色社会主义思想宣讲视频 36 个、"提升乡风文明、助力乡村振兴""云"宣讲视频 120 个、评选展播"理响百湖"基层理论宣讲视频 73 个和"微讲堂"视频课程 25 期。围绕党的十九届五中全会、省委市委全会精神、《中国制度面对面》等内容,组织市委宣讲团集中宣讲 52 场次,指导县(区)委宣讲团和百姓宣讲团,采取线上线下相结合的方式开展宣讲 2530 余场次,推动党的创新理论广泛传播、深入人心。全年宣讲活动被《龙视新闻联播》报道 2 次,工作经验在《奋斗》杂志刊发 1 篇、《黑龙江宣传》刊发 4 篇。三是理论研究不断深入细化。围绕市委市政府中心工作,紧扣大庆转型发展面临的重点难点问题开展社科规划工作,立项 143 项课题,结项 114 项。组织开展市第十九次社会科学优秀科研成果评奖,352 项成果获得市级奖励。全市《新时代铁人精神育人实践教学模式研究》等 5 项研究获国家社科基金立项,获得资助 100 万元,完成《黑龙江省历史文化通览(大庆卷)》撰写工作,全面充分、严谨准确地展示大庆经济社会发展状况和特色历史文化。

二、奏响时代旋律,凝聚奋进力量

坚持团结稳定鼓劲、正面宣传为主,结合疫情防控和市委市政府中心工作,加强对热点难点问题、重大突发事件的舆论引导,加大对主流媒体及传播手段的建设和创新,做大做强主流思想舆论,弘扬主旋律、传播正能量,新闻舆论传播力引导力影响力公信力进一步增强。一是疫情防控宣传及时有效。全媒体第一时间转发权威疫情信息,迅速开展政策、举措、科普等宣传,深入报道防疫一线先进事迹和复工复产生动局面,组织开展疫情防控宣传和文化旅游领域大排查工作。累计启用大型电子屏和滚动字幕屏 950 余块,悬挂宣传条幅 1.6 万余幅,张贴宣传海报 109.4 万余张;累计登载播发疫情防控稿件 36 万篇(次),全媒体推送防控知识短视频、H5 突破 10 万次,组织召开全媒体直播访谈 246 场,拍摄《我的城市我的家》等专题片 5 部,组织"联防联控、县区在行动"新闻访谈 10 场,推出市第二医院等先进典型 500 余个,营造强信心、暖人心、聚民心的环境氛围,凝聚众志成城抗疫情的强大力量,为全市打赢新冠疫情防控阻击战提供坚强思想舆论支撑。二是主流思想舆论不断壮大。以"决胜全面小康决战脱贫攻坚"主题宣传战役为统领,持续开展"走街串巷访百家"采访报道活动,紧紧围绕市委市政府中心工作,全媒体开设"一手抓疫情防控、一手抓经济运行""防疫有我、爱卫同行"等主题宣传;精心组织"2020年全国两会宣传"、十九届五中全会、"优化营商环境"等系列宣传。健全网络综合治理体系,提升网络治理效能,凝聚网络正能量。深入解读习近平总书记重要讲话重要指示精神和省委市委全会精神,充分展现社会各界坚决打赢争当排头兵、建设新大庆"新会战"的新实践新成效。三是新闻媒体改革稳步推进。全面深化传统媒体改革,完成大庆广播电视台、大庆日报社两家事业单位人员竞聘上岗工作,制定出台《新媒体平台稿件发布、视听直播"三审"制度》,推动市级媒体报纸版面、广播电视栏目改编改版,新媒体平台账号有效整合,充分释放改革动力。深入推进媒体融合发展,四县及大同区融媒体中心建设有序推进。全市形成以《大庆日报》、大庆电视台、大庆广播电台、大庆网等七大市级媒体为重点,各单位官方微信公众号、抖音短视频平台等新媒体为补充的"7 + N"主流全媒体矩阵。四是意识形态阵地持续巩固。组织召开市委常委会会议、市委意识形态和宣传思想工作领导小组会议研究部署全市意识形态工作,深入开展意识形态领域风险排查,切实筑牢全市意识形态领域安全屏障。

三、强化价值引领,弘扬时代新风

坚持立德树人、成风化人,深入培育践行社会主义核心价值观,坚持用大庆精神铁人精神铸魂育人,坚持用先进典型引领道德风尚,坚持用文明创建引领社会新风,着力提高全市人民思想觉悟、道德水准、文明素养,着力培养担当转型发展大任的时代新人。一是"凝魂聚气"弘扬传承大庆精神铁人精神。持续深入推进"学铁人、创新业、争排头"主题教育实践活动,制作发放大庆精神铁人精神宣传挂图;组织机关、企业、社区、农村等基层干部群众登录"智慧树"在线教育网络平台,在线观看学习《大庆精神及其时代价值》宣讲视频,点击量达30万人(次);创新推出"我们都是追梦人"大庆全民讲述活动,围绕全民抗疫、脱贫攻坚等五大主题,录制专题节目5期,发布优秀讲述视频20个,打造大庆追梦人的"高光时刻"。二是"立德树人"培育践行社会主义核心价值观。深入推进《新时代爱国主义教育实施纲要》贯彻落实,开展"我和我的祖国"系列主题活动,提升市民群众"建设我们的国庆节"的文化自觉。组织"文明缅怀"等"我们的节日"系列活动,推动社会主义核心价值观落细落小落实。持续开展"扣好人生第一粒扣子"主题实践教育,组织"新时代大庆好少年"事迹发布仪式,隆重表彰20名优秀青少年,全市2名同学荣获"新时代龙江好少年"荣誉称号。大庆《培育爱国情怀,凝聚爱国力量》经验在《奋斗》杂志刊发。大庆全国未成年人思想道德建设工作测评成绩居全省第一名。三是"典型引领"充分彰显表率模范榜样力量。积极开展新时代大庆"最美系列""道德模范""大庆好人"等评选活动,激励广大干部群众崇德向善、干事创业。积极向国家、省推荐先进典型,大庆典型入选中国好人4人、龙江好人20人,援鄂医生杨永山荣获全省2020"战疫有我·感动龙江"人物提名奖、辛敏荣获全省"最美脱贫攻坚奋斗者"、韩立国荣获"龙江最美消防员"。成功举办了第七届全国道德模范故事汇基层巡演大庆专场,在全市范围内彰显榜样力量。四是"弘扬志愿"社会文明新风日益浓厚。积极参与疫情防控,构筑人民防线。动员2万余名志愿者就近参与社区保卫战,与下沉党员共同担当社区守门员。建强线上线下志愿服务平台,"大庆温度"志愿服务平台投入使用,实现志愿服务供需协调对接、匹配对接、自主对接。开展"文明有约·公益同行"等系列主题志愿服务活动,积极参评全省志愿服务"五个100"先进典型评选活动,全市1人被评为全国疫情防控最美志愿者。五是"全员参战"积极推进文明城市创建。制定印发《创城责任单位任务分解表》《实地督导手册》,全面推进创城工作;积极拓展文明单位创建,命名表彰市级文明先进集体131个、市级文明家庭32个、市级军警民共建共育先进个人14名,推荐8个单位入选全国文明单位,17个单位顺利通过全国文明单位复查;广泛开展"文明健康·有你有我"等主题活动;深化农村精神文明创建,新建村级文明实践站试点12个,组织文明单位结对共建,联合开展主题实践活动1300多场次,先后涌现出市级文明村镇47个,省级乡风文明建设示范点5个,全国文明村2个。

四、创造活力迸发,文化繁荣兴盛

围绕"打造文化强市"目标任务,坚持抓文化就是抓振兴、抓发展、抓未来,切实肩负起新时代文化繁荣发展的责任使命,不断推出文艺精品,丰富百姓文化生活,助力文化产业发展,加强文化市场监管,人民群众文化生活获得感显著增强。一是文艺精品次第推出。复排演经典话剧《地质师》《铁人轶事》,创排音乐剧《铁·人》,编辑出版《人民楷模王启民》,完成龙江剧《黑土长歌》剧本,小品《分红》参加中央电视台举办的"新时代曲艺星火扶贫工程成果"巡礼展演,二人转《北国戏韵》应邀参加中央广播电视台戏曲频道《一鸣惊人》栏目。组织广大文艺工作者创作抗疫主题文艺作品 3000 余件,在媒体开设"以艺战疫 大庆力量",有 78 件作品获得省抗击疫情优秀文艺作品,有 18 件视频音频作品被"学习强国""艺术龙江"等平台推广。二是文化生活日益丰富。推出线上线下文化服务新模式,先后开展"最美宅视界""百湖百姓音乐会暨全民 K 歌"等系列主题活动 270 余场次,在《今晚六十分》、"掌尚大庆"等媒体平台开设活动专题,展示作品 140 余期、平台点击量突破 500 万人次,线下活动受众 5 万余人次。举办图书展、读书会、全城共读等全民阅读活动,市委主要领导带头倡议全民阅读,为"一起读书吧"线上朗读活动录制朗诵音频。组织美文朗读、主题征文、知识竞赛等线上线下各类读书活动,掀起了全民阅读新高潮。三是扶持壮大文化产业。帮助企业有效应对疫情影响,将全市发展前景较好、有集群效应的特色文化企业纳入"帮扶库",进行跟踪帮扶。制定"市县区企帮扶工作责任制",当好文化企业"服务员",切实解决企业实际困难。积极为文化企业提供平台扶持,组织 10 余家重点文化企业,6 项具有广阔发展前景的文化产业项目和 40 余件文化艺术精品参加第十六届深圳文博会,通过 24 小时在线、VR 全方位云展播等方式,对外宣传推介大庆文化产业项目,全面展示大庆文化艺术成就,提升大庆文化魅力和影响力。四是文化市场有效净化。扎实开展"扫黄打非"的"清源""净网""护苗""固边""秋风"五大专项行动,持续组织印刷发行行业"双随机、一公开"大检查,共收缴非法出版物 2000 余件,取缔游商地摊等 110 处,清理网络有害信息 1469 条,阻断、屏蔽和删除网帖 446 篇,查办涉政涉黄涉非案件 21 起,较好维护了行业秩序。

五、展示大庆形象,打造城市名片

加强对外宣传工作,集中向外界展示大庆改革发展的最新成果、优化营商环境的良好成效、宜居宜业的城市生态环境,着力在更高层次、更大领域宣传大庆,不断提升城市知名度和影响力,让外地人更了解大庆、大庆人更爱大庆,为推动大庆全面振兴全方位振兴、争当全国资源型城市转型发展排头兵营造良好的外部舆论环境。一是讲好大庆抗疫故事。围绕疫情防控、先进典型、复工复产、脱贫攻坚等工作内容,策划选题、对上推稿。新华社刊发《(一线抗疫群英谱)"我会站着,直到倒下"——"跛子"医生的战"疫"路》中英文通稿被国内 80 多家媒体转载,《人民日报》海外版、《亚太日报》等全球 9 家媒体采用。《光明日报》刊发综述报道《黑龙江大庆:百湖大地激荡战"疫"风》在全省推广。制作推出《大庆战疫十二时辰》等 8 部短视频宣传片,在央视新闻 + 、人民日报客户端等平台推送,点击量过千万,"学习强国"、新华网、光明网等平台予以转载推送。二是做好大庆转型宣传。组织"当好标杆旗帜,建设百年油田"中央、省级媒体大庆行采访活动,《人民日报》刊发《大庆争当全国资源型城市转型发展排头兵》新闻专版;新华社发布《"油城"大庆多产业发展,经济提速驶入快车道》新闻通稿;制作推出《大庆城市故事》三部城市宣传短片,在央视新闻 + 、新华网等媒体推送;《今天大庆向祖国报告——"9·26 学习贺信精神,铭记嘱托再出发"》特别节目在央视频、抖音等平台直播,观看人数超过 80 万人次,点赞超过 100 万。全年围绕全市复工复产、项目建设等选题积极推送新闻稿件,在中央和省级媒体刊播稿件 6628 篇(条)。三是加大新闻发布频度。紧扣疫情防控、社会稳定和民生发展的重点,主动策划设置发布会主题,积极回应关切。在疫情初始之时,针对市民普遍关注疫情防治、市场保供等问题,迅速连续召开 4 场新闻发布会,对全市疫情期间疾病防控、医疗救治、民生物资、生产保障等情况进行通报;在抗疫过程中,围绕支持企业复工复产相关政策问题,连续召开 4 场新闻发布会,邀请税务、财政、金融、人社等单位和部门上线为市民和企业答疑解惑。全年,组织召开市级新闻发布会 13 场,县区级新闻发布会 16 场,数量位列全省第一,有效解决了百姓关切的热点、难点问题。

主动作为　勇开新局　为鸡西经济社会发展提供强大思想保证和精神动力

中共鸡西市委宣传部

2020年,全市宣传思想文化工作按照省委宣传部的总体要求部署,在市委的正确领导下,以学习宣传贯彻党的十九大、习近平系列重要讲话精神为主线,认真贯彻落实省市党代会精神、全省宣传部长会议精神和全省宣传文化系统学习宣传贯彻党的十九大精神专题会议精神,克服疫情不利影响和人员短缺等各方面因素,守正创新、主动作为、勇开新局,为鸡西经济社会发展提供良好的思想保证、舆论支持和精神动力。

一是提升理论武装实效性。围绕习近平新时代中国特色社会主义思想、中央和省市委重要会议精神重大决策部署,市委中心组开展"会前学理论"11次,举办鸡西大讲堂11期,组织专题研讨8次,形成调研报告30余篇,带动全市333个党委(党组)集体学习研讨6000余次,组织8万余名党员干部参与"党员诵读《习近平谈治国理政》第三卷"活动。全市《"云上学习"推动理论武装提质增效》经验在《奋斗》杂志刊发,"关于基层文化治理"调研报告获省委宣传部部长贾玉梅同志批示。

二是提振全民抗疫精气神。面对突如其来的新冠肺炎疫情,我们闻"疫"而动、冲锋在前,成立疫情防控宣传舆情专班,分设宣传报道组、舆情管控组、县(市)区工作组,坚持专班推进、专题报道、专项部署,及时调整策略、传递党的声音、凝聚思想合力。在舆论宣传上,全媒体开设专栏专题22个,召开专题工作会议22次,举办专项新闻发布会2场,分发各类提示信息400多期、各类融媒体作品5000余条,开展各类社会宣传30

万条(次)。在舆情管控上,强化舆情信息监测预警,每天 24 小时值班值守,编报《涉疫情网络舆情日报》,疫情期间抓取网民疑虑诉求 5000 多条(次),解决网民反映问题 280 多件,处置谣言及热点敏感信息 212 条,及时将舆论引入正确轨道。

三是唱响转型升级主旋律。围绕市委市政府中心工作,精心策划"决胜脱贫攻坚"主题宣传,开设"决胜全面小康进行时"专栏,刊发重点稿件 80 余篇,开展"最美脱贫攻坚奋斗者"评选活动,举办颁奖仪式表彰助力脱贫攻坚榜样 20 名,翟友财荣获全省"最美脱贫攻坚奋斗者"光荣称号。开展"优化营商环境"主题宣传,制作《民声回应》节目 5 期,推送优化营商环境新闻稿件 245 篇,统筹协调《党风政风热线》走进鸡西各项工作,观众满意率达 93.3%,叫响"鸡西办事不求人"品牌。实施"外宣+"战略,将外宣工作贯穿经济社会发展全过程,融入节会、旅游、招商等各环节,跟踪报道石墨产业、大项目建设、民生实事、重大赛事等,推出《"百年煤城"鸡西:重铸发展动能》《鸡西转化科技成果 助力经济腾飞》等一批深度锐评,全年借助域外媒体发稿 2760 余篇。尤其抓住全国鳞片石墨分技术委员会落户鸡西契机,在人民网发布《鸡西市鳞片石墨技术发展迎来新机遇 "中国石墨之都"再添新名片》等稿件 26 篇,鸡西"中国石墨之都"品牌影响力不断扩大。

四是守好意识形态主阵地。旗帜鲜明站在意识形态斗争第一线,系统推出意识形态工作责任制 16 项配套制度,围绕省委三巡"回头看"、省委六巡"先行先改"等要求常态化开展督导巡察,持续开展"扫黄打非"的"正道""新风"及网络"清朗"等专项行动,加强文化市场、宗教场所、网络安全等领域专项治理,疫情期间抓取网民疑虑诉求 5000 多条(次),解决网民反映问题 280 多件,处置谣言及热点敏感信息 212 条,妥善解决"酸汤子中毒""东宁考生考研受阻"等突发舆情,有效维护全市意识形态领域安全。

五是弘扬文明向善正能量。以培养时代新人为己任,全面加强公民思想道德建设,制发《公民道德建设实施纲要》和《爱国主义教育纲要》分工方案,常态化推进爱国主义教育,"鸡西国防教育进课堂进教材"做法在《黑龙江日报》刊发。围绕传统节日和重要节点,开展国防教育"四进"、"共同抗疫"、"光盘行动"、"志愿服务月"等一系列活动,举办先进典型、脱贫攻坚奋斗者发布会,全媒介报道"抗疫英雄""龙江楷模"等先进事迹,最大限度传递正能量、提振精气神,全市盛新颖荣获全省"战疫有我·感动龙江"人物。以创城为牵动,坚持日常督导、第三方测评、媒体监督相结合,整治经营占道、乱搭乱建、交通拥堵、卫生环境等城市顽疾3000 余个,围绕"拆违治乱"开展《党风政风热线》走进鸡冠区专场,结合脱贫攻坚、乡村振兴推进农村移风易俗,全市有 37 个单位和个人分别荣获国家、省级文明称号。

六是提升鸡西文化软实力。加快文化体制改革,发扬"刀刃向内、自我革新",以媒体融合改革作为重头戏,成立鸡西市融媒体发展中心,稳妥完成经营模式重建、业务流程重塑、全员岗位竞聘、绩效工资考核等工作,同步建成三县(市)县级融媒体中心,媒体服务发展作用逐步凸显,鸡西融媒体中心荣获"黑龙江省抗击新冠肺炎疫情"先进集体称号,密山市融媒 app 下载使用量全省排名第一,得到省委宣传部通报表扬。加大公共文化服务供给,在全市设立图书馆分馆、文化馆分馆149 个,完成侵华日军罪证陈列馆、市博物馆消防设施等改扩建项目,建成 18 块社会足球场;举办春节晚会、兴凯湖观鸟节、文化进景区、"城市之光"等线上线下文化活动百余场次,"兴凯湖文化传播平台"确定为全省首批文艺创作展演示范点;摄制鸡西首部脱贫题材院线电影《兴凯湖畔》,复排现代京剧《红灯记》向市民展演,完成 97 个行政村全年电影放映任务;组织文艺工作者围绕抗击疫情推出文学作品、文艺精品、文化产品 5000 余件,斩获"全省抗击疫情优秀文艺作品"一等奖 2 个、二等奖 7 个、三等奖 8 个。加强文化传承保护,开展文化遗产普查,挖掘认定了一大批红色资源、非遗项目、文物信息,全市文化资源"家底"越发深厚。

七是增强机关干部凝聚力。坚持把党的政治建设摆在首位、贯穿始终,巩固"不忘初心、牢记使命"主题教育成果,围绕宣传干部"强四力"(脚力、眼力、脑力、笔力)要求,精心组织大学习、大讲堂、大调研活动,围绕总书记重要讲话、重大会议精神以及宣传工作条例等举办专题培训4

期,组织 5 个调研组沉入基层察实情、补短板,形成调研报告 7 篇,引导部机关干部在学思践悟、调查研究中提高政治判断力、政治领悟力、政治执行力;加强规范化法治化建设,围绕宣传工作条例制定"工作责任分工",建立项目化推进、台账式管理、口内季例会等机制,宣传思想文化工作"脱虚向实"效果显著。

服务大局　担好大任　为双鸭山全面振兴全方位振兴凝聚精神合力

中共双鸭山市委宣传部

2020年,双鸭山市宣传思想文化战线坚持以习近平新时代中国特色社会主义思想为指导,把握大势、服务大局、担好大任,坚定不移举旗帜、聚民心、育新人、兴文化、展形象,为双鸭山全面振兴全方位振兴凝聚精神合力和提供重要文化支撑。

一、持续强化理论武装,推进党的创新理念深入人心

把学习宣传贯彻习近平新时代中国特色社会主义思想作为首要政治任务,在学懂弄通做实上下功夫,持续推进党的创新理论大众化普及化,打通理论武装"最后一公里"。着力深化理论学习。紧紧抓住领导干部这个"关键少数"和领导班子这个"关键部位",全年服务市委理论学习中心组集中学习11次,组织各级党组(党委)理论学习中心组学习3000余次。深入推进理论学习中心组"互听互看互学互进"模式,全市220个党组(党委)结对互促,全面提升学习质效。着力强化理论宣传。围绕党的十九届五中全会、省委十二届八次全会、市委十一届七次全会精神、《习近平谈治国理政》第三卷、《民法典》等重大主题,组建市委宣讲团集中宣讲33场,县区(系统)宣讲300余场。开展"战疫英雄 脱贫先锋"百姓宣讲活动,线上宣讲100余场。将"理念超市"由线下转为线上,集纳170个课题"菜单"提供点餐选学,推动党的科学理论深入人心、落地生根。着力做好理论研究。立足全市振兴发展实际,发挥新型智库和"学习强国"

平台作用,推进"六稳""六保""六个高质量发展"等重大课题研究转化,全市各学会、协会完成调研报告以及理论文章 10 余篇,市工商联"关于非公经济发展状况的调查报告"专题被省社科院立项,为全市经济社会发展提供有效智力支撑。

二、坚持围绕中心服务大局,为决胜全面小康、决战脱贫攻坚立言立声

突出统筹推进疫情防控和经济社会发展、扎实做好"六稳"工作、全面落实"六保"任务主题主线,在激浊扬清、正本清源中宣示主流价值。注重营造氛围,疫情防控宣传成效显著。坚持稳人心就是稳大局,及时宣传习近平总书记重要指示批示精神,宣传党中央国务院以及省委、省政府重大决策部署,宣传市委、市政府系列务实举措,宣传全市上下戮力同心抗疫的勇毅故事和凡人善举,累计刊播发相关稿件及科普知识 4 万余篇(条),召开专题新闻发布会 11 场,《双鸭山:弘扬"凡人善举",用温暖与感动凝聚抗"疫"正能量》抗"疫"做法被评为全省宣传文化系统第一季度十大亮点工作。我们注重凝聚共识,新闻舆论引导扎实有力。精心组织重大时政新闻战役,开展党的十九届四中、五中全会,省委十二届七次、八次全会和市委十一届六次、七次全会等大型新闻报道战役。推出"决战决胜脱贫攻坚""六稳""六保""棚改情系千万家""项目建设进行时"等重点专栏专题 30 余个,推出重点稿件 3900 余篇(条)。注重树立形象,对外宣传积极主动。先后邀请接待中央、省级以上媒体记者 100 余人次到全市进行采访报道,刊播发重大主题稿件 1000 余篇(次),累计对上发稿 3500 余篇(次),《人民日报》、《经济日报》刊发有关全市报道 6 篇,央视新闻频道《我和我的村庄》在饶河县小南河村直播收官。策划并组织召开棚户区改造、脱贫攻坚、"六稳""六保"、优化营商环境等为主题的系列新闻发布会 23 场,及时发布权威声音,回应社会关切。注重把握民心民意,舆情舆论稳中向好。持续完善舆情信息工作机制,深入开展"清朗""净网"等专项整治行动,删除负面舆情信息 300 余条,查处网络舆情案件 18 起,行政处置 22 人,训诫教育 61 人。坚持听民声、解民忧、汇民智、聚民力,持续走好网上群众路线,双鸭山市网络问政平台正式上线,开通

网站、微信、电话等多种问政渠道,画好网上网下"同心圆"。

三、持续弘扬和践行社会主义核心价值观,深耕成风化人的文明沃土

坚持将培育和弘扬社会主义核心价值观作为凝心聚力、强基固本的基础工程来抓,用主流价值弘扬时代新风、引领道德风尚。我们注重抓涵育载体教育人。深入贯彻落实《新时代爱国主义实施纲要》和《新时代公民道德建设实施纲要》,爱国主义教育基地、国防教育基地建设持续推进,"爱国心强国志报国情"主题征文活动、"四大精神"学习宣传、"我和我的祖国"、"开学第一课"等活动深入开展,扎实推进全民国防教育,开展中国人民抗日战争暨世界反法西斯战争胜利75周年主题宣传活动,引导广大干部群众厚植爱国主义情怀。我们注重抓典型选树引领人。完善典型选树宣传机制,建立全市先进典型资源库,集纳各类各人(集体)典型200余个,其中50名典型入选"龙江群英榜"系统综合平台。组织开展"最美脱贫攻坚奋斗者"评选,深入开展"我推荐我评议身边好人"活动,10人荣获"龙江好人"荣誉称号,孙刚荣登"中国好人榜",授予蔡宝春等26名援鄂医疗队队员"最美白衣卫士"荣誉称号。宝清县珍宝岛革命烈士陵园被命名为全省爱国主义教育基地,四方台区育红小学被命名为全省学雷锋活动示范点。我们注重抓文明创建培养人。深入推进文明城市、文明村镇、文明单位、文明校园、文明家庭创建工作。扎实开展乡风文明建设,组织参加第二届"龙江有美村"乡风文明随手拍活动,开展"聚文明力量 促乡村振兴"农村精神文明建设典型宣传活动,全面展示全市农村精神文明建设优秀成果。深化拓展新时代文明实践中心建设,全市目前共建成文明实践中心、所、站106个,创建国家和省级乡村学校少年宫5所。深入开展文明餐桌、文明交通、文明旅游、文明养犬等专项行动。开展"我们的节日"主题活动,通过丰富多彩的民俗节庆活动赋能优秀文化传承。

四、持续强化改革创新,推动文旅产业高质量发展

坚持以人民为中心的工作导向,深入实施文化领域供给侧结构性改

革,加快推进文旅产业融合发展,全市文化软实力持续提升。我们以文化惠民满足群众新期待。市图书馆新馆土建工程完工,智慧化图书馆建设工程有序推进。开展文化科技卫生"三下乡"活动。持续打造"网络文化月"文化活动品牌,推出"美丽山城 幸福家乡"、"结对子 种文化"、全民阅读等群众性文化活动 1000 余场次。深入推进农家书屋建设,出台《双鸭山市农家书屋深化改革创新提升服务效能工作方案》,落实农家书屋惠民工程,推进农村电影公益放映。加强文艺精品创作,大型龙江剧《暖菊》入选全省迎接建党百年重点创作剧目。我们以文化体制改革催生发展新活力。聚焦宣传思想文化领域短板弱项,以改革促创新、谋发展,紧扣文化体制改革重点任务,加快推进县级融媒体中心建设,各县级融媒体中心 app 全部建设完成,宝清县被省委宣传部列入全省县级融媒 app 建设第一梯队,抖音、快手、微信公众号平台粉丝总量突破 195 万,主流媒体传播力影响力不断提升。不断深化新闻出版"放管服"改革,深入推进文化市场综合执法改革,加强版权执法监管,行业秩序和市场环境得到有效规范和净化。我们以文旅融合培育发展新动能。市文化旅游投资发展有限公司组建工作有序推进,双鸭山市旅游集散中心项目已做好前期准备。完成《双鸭山市全域旅游规划》《双鸭山市大遗址规则》《双鸭山市全域自驾游体系规划》的编制工作,制定《双鸭山市文物保护改革方案》。饶河县小南山遗址成功入选 2019 年度全国十大考古新发现,全市考古工作实现新突破,文旅资源优势更加凸显。

五、持续加强自身建设,不断提高宣传思想工作规范化制度化水平

以政治建设为统领,对照习近平总书记提出的"八种本领"和"五个过硬"要求,以"强四力"教育实践工作为载体,全面加强思想建设、组织建设、作风建设、纪律建设,全市宣传思想文化队伍创造力、凝聚力、战斗力显著提升。坚持学思践悟,以学习提升素质。深入学习《中国共产党宣传工作条例》,出台《双鸭山市贯彻落实〈中国共产党宣传工作条例〉任务分工表》,推动宣传思想文化领域治理体系和治理能力现代化。在全战线开展"读书成长季"活动,结合增强"四力"教育实践工作,组织广大宣传干部读原著、学原文、悟原理,征集优秀学习体会文章58篇,营造了全战线干部爱读书、读好书、善读书的浓厚氛围。坚持深入基层,以调研转变作风。开展"宣传工作创新年"大调研活动,以决胜全面小康、决战脱贫攻坚为主题,以宣传思想工作重点、文化改革发展难点、干部群众关心热点为关键,深刻研究新形势下宣传思想工作面临的新情况新问题,探索推动工作稳中求进、守正创新的新思路新举措,推进基础性、应用性、对策性调查研究,形成调研报告26篇,为推动宣传思想文化工作创新发展提供了重要支撑。勇担职责使命,以行动体现忠诚。在抗击疫情这场大战大考中,全市宣传思想战线在做好疫情防控宣传工作的同时,全战线400余名新闻工作者和机关干部下沉社区,冲锋在疫情防控一线,4名同志荣获全市抗疫先进个人,用实际行动践行了初心使命、彰显了绝对忠诚,呈现出了宣传干部的新风貌。

加强思想道德建设　发挥新时代宣传思想文化工作引领作用

中共伊春市委宣传部

2020年,全市宣传思想文化战线认真学习贯彻习近平新时代中国特色社会主义思想,全面落实党的十九大和十九届三中、四中、五中全会,以及省、市第十二次党代会和省、市委全会精神,牢牢把握正确政治方向、舆论导向、价值取向,牢牢掌握意识形态工作领导权,大力培育和践行社会主义核心价值观,切实加强思想道德建设,不断发挥新时代宣传思想文化工作的引领作用。

一、坚持思想引领,持续深化理论武装

服务市委理论学习中心组集体学习9次,其中集体学习《党委(党组)落实全面从严治党主体责任规定》《中共黑龙江省委办公厅关于印发〈党委(党组)意识形态工作问责办法(试行)〉的通知》《黑龙江省反间谍安全防范条例》《中华人民共和国土壤污染防治法》《中国共产党机构编制工作条例》《民法典》等6项内容,有效提高了党员干部法治素养,增强了运用法治思维和法治方式推动发展的能力水平。举办"林都讲坛"学习贯彻《民法典》伊春宣讲报告会、学习《习近平谈治国理政》第三卷宣讲报告会、学习贯彻党的十九届五中全会精神省委宣讲团伊春报告会,深入宣讲习近平总书记重要讲话和两会精神,共开展主题宣讲20场,线下聆听人员达600余人,线上受众达万余人次,各级党委(党组)理论武装全面加强,基层宣讲全面推进。参与中宣部"百城千县万村"大调研工作,

完成《绿色发展的伊春实践》等4篇调研报告,《铁力立足"四大特色产业"加速全面建成小康社会》成功入选优秀调研报告。在"黑龙江宣传"微信公众号刊发稿件20篇,在《黑龙江宣传》刊发稿件4篇。"伊春宣传"微信公众号刊发稿件1268篇,点击率达16万+。

二、坚持舆论引导,营造伊春转型发展浓厚氛围

在新冠肺炎疫情防控期间,发布各项指令1041条,转发宣传报道提示751期;全市各级媒体共刊发、转载各类稿件7.6万余篇,累计阅读量1100万+,单篇阅读量最高达65.5万+;发布典型事迹200余篇;派出记者采访200余人次,采写稿件600余篇(条),向上级媒体推送稿件100余篇(条)。组建市级网络传播矩阵,全网发稿1322篇(条),阅读量过万稿件230余篇。鹿鸣矿业尾矿砂泄漏事件发生后,成立专项工作组,接待省委宣传部和外来媒体8家27人,市直媒体累计发布稿件66篇(条),域外8家媒体累计刊发、转(播)发稿件50余篇。围绕污染防治、扫黑除恶专项斗争、深化"放管服"优化营商环境、全面建成小康社会、打赢脱贫攻坚战、创建森林城市等中心工作开展主题宣传报道230余次,策划专题报道16次,推出各类大型主题活动和时政新闻类宣传专栏130余个,播发各类稿件19300余篇。对外宣传成效显著,新华社采写的《伊春如何变"五园"》《"两花经济"引领老林区蝶变》等报道,在全国引起较大反响。全省第一批挂牌成立的铁力市、嘉荫县融媒体中心完成验收工作,其他县融媒体中心建设工作正稳步推进。"伊春发布"公众号影响力逐步提升,关注人数达20.4万人,共发稿件篇2671篇、阅读量达4885万+,其中阅读量过万稿件210篇。

三、坚持典型引带,培育践行社会主义核心价值观

大力推进培育和践行社会主义核心价值观——"奋斗有我·决胜小康"百姓宣讲线上宣讲活动,宣讲视频被"学习强国"app收录,累计播放量达10万余次。积极开展双拥宣传工作,开展"最美退役军人"评选活动。大力选树先进典型,伊美区美溪镇失明辅警刘国辉评获2020年"感

动龙江"年度人物,铁力市人民医院院长史家明荣获"2020 年最美脱贫攻坚奋斗者"提名奖,伊春市第二人民医院护士单丹评获全省第三届"最美护士"提名奖,华能伊春热电有限公司荣获第六批全省学雷锋活动示范点。制定下发《关于疫情防控期间进一步用好"学习强国"学习平台的通知》,疫情期间增加 5000 余人下载使用"学习强国"app,截至目前,全市共有 3.81 万名党员下载注册"学习强国"app 开展学习。

四、坚持服务群众,打造特色文化品牌

开展以"抗击新型冠状病毒肺炎"为主题的文艺创作活动,创作各类原创文艺作品 1683 件,推出"足不出户看文化"系列网络文化活动 8 期。开展"寻找最美春天·我们'艺'起行动"文艺作品征集展示活动,征集各类文艺作品 200 余件,展出 15 期,浏览人数达 11000 余人。开展"艺往情深醉风光,伊春人游家乡"文艺作品征集展示活动,共征集文艺作品 321 件,展出 25 期,点击量 15000 余次。深化文化惠民,组织开展"我们的中国梦"——文化进万家活动、第十八届"森林之声"系列文化活动、"城市之光 金色田野"系列文化活动,累计组织各类文化活动 107 场,其中线下文化活动 76 场,线上文化活动 31 场,受众 10 万余人。

五、坚持市场监管,推进文化事业健康发展

为永达木艺基地项目申报省级文化产业专项扶持资金 60 万,为首部反映全市林区开发建设及林业改革发展为题材的优秀电视剧《青山不墨》申请省级精神文明建设产品专项引导资金 80 万元。积极推进"扫黄打非"和"正道""新风"集中行动、"绿书签行动"系列宣传活动和"剑网2020"专项行动,对全市 52 家零售书店进行年度核验,组织全市 45 家印刷企业参加年度报告,核验率和参与率均达到 100%。开展出版物市场专项检查,出动检查人员 260 余人次,检查各类场所 380 余家(次),收缴非法出版物 31 本,清除低俗、黄色有害信息 246 条。

六、坚持凝聚力量,深入推进群众性精神文明建设

组织全市 56 家文明单位(文明校园)与新时代文明实践中心(所、

站)结对共建,评出星级文明户 552 户,协助省考核组对全市 19 家复查申报第六届全国文明村镇、文明单位进行考核验收,17 家通过候选名单公示。选树各类抗击疫情市级"致敬英雄"典型 81 个,市级"身边好人"50 人中 6 人入选"龙江好人榜"。举办道德模范宣讲报告会 12 场,3000 余人聆听了宣讲报告会。开展"我们的节日"各类主题活动 23 个。加强伊春文明网、文明伊春微信公众号内容建设,分别发稿近 2000 篇、500 余篇。累计发动 14000 多名志愿者参与疫情防控等工作,帮扶生活困难群众 32000 余人,开展心理援助活动近 600 人次,接受心理救助群众 10000 余人。加强未成年人思想道德建设。组织开展"美德少年暨寻找新时代好少年"活动,共评选出"伊春市美德少年暨新时代好少年"44 名,"伊春市十佳美德少年暨新时代好少年"10 名。组织开展"少年中国梦、出彩中国人"主题读书征文活动,其中 4 篇作品获省级奖励。

七、坚持优化升级,巩固文明城市创建成果

深入开展系列文明创建活动,推进集中清理街路两侧不合规牌匾、广告,集中治理露天集贸市场、占道经营、音响扰民、露天烧烤、不文明施工、建筑垃圾、公共场所晾晒等问题,检查市场主体 5320 家,关停 44 家,注销《药品经营许可证》76 家,整改农贸市场、流通领域、"四小"行业问题隐患 824 个,推行首问负责制、服务承诺制、绩效考核制等六项工作制度,各服务窗口服务单位全部建立公共服务文明引导台。利用宣传栏、广告牌、电子屏、移动电视等媒介平台广泛刊播展示作品 3000 余次,主创城区及各窗口单位发放公益宣传海报 4.38 万份、市民文明手册 1 万余份、文明餐桌桌贴 2.57 万个。坚持日报制度、统计周报制度、督查通报制度、协调处理制度,对模拟测试发现的 501 个问题逐一下发整改通知,整改结果向社会公布,反馈满意率达 98%。

真抓实干　凝聚合力　推动城市高质量发展

中共七台河市委宣传部

2020 年,七台河市宣传思想文化战线认真贯彻落实全国、全省宣传部长会议精神,牢牢把握"举旗帜、聚民心、育新人、兴文化、展形象"的使命任务,紧紧围绕市委、市政府中心工作,统筹推进疫情防控,全面展示七台河形象,为七台河高质量发展提供了有力思想保证、舆论支持、精神动力和文化条件。

一、着力强化思想引领,理论武装工作取得新成果

(一)理论学习扎实有效。突出抓好全市各级党委理论中心组学习,认真贯彻落实《中国共产党党委(党组)理论学习中心组学习规则》,制发了《2020 年中共七台河市委理论学习中心组学习规划》。发挥市委理论中心组学习带动作用,全年共围绕国家安全形势,决战决胜脱贫攻坚,姜国文案件警示教育,《习近平谈治国理政》第三卷,党的十九届四中、五中全会精神等主题组织市委理论中心组集中学习 6 次。不断加强县处级党委(党组)中心组学习督查力度,做到学习规范化制度化。扎实开展"读书成长记"活动,收到心得体会 53 篇。组织全市党员干部参加全省百万党员读《习近平谈治国理政》第三卷活动,排名名列前茅,作为全省唯一一个地级市代表接受省台《新闻联播》专题采访,推广介绍理论武装经验。

(二)理论宣讲有序开展。编撰《全市党员干部党的基本理论知识学习手册》,向全市党员干部印发 50 条应知应会知识点。加强《民法典》重

大意义宣讲,组织各单位收听收看了省《民法典》宣讲报告会,组织市委讲师团赴基层开展《中华人民共和国民法典》集中宣讲,将5期宣讲视频刻成100套学习碟片供全市各级理论中心组学习。扎实开展《习近平谈治国理政》第三卷宣讲,抽调全市理论宣讲骨干,组建市委宣讲团,深入各区县、市直各单位宣讲30余场,培训3000余名党员。组织动员各区县、各部门主要负责同志带头宣讲,发挥带动示范作用,推动"大家学、大家讲、大家做"活动落到实处。

(三)理论研究成效明显。创新理论宣讲方式,形成《创新理论宣讲新形式,探索实践"共享 + "模式》总结报告,高质量完成《发展经济促振兴,全面脱贫奔小康》《志愿服务助力新时代文明实践中心建设》《深挖地方特色文化 助推城市高质量发展》等多篇具有地域特色的调研报告。积极组织市委讲师团,协调市委党校、职业技师学院专家学者围绕十九届四中、五中全会精神等主题在《七台河日报》刊发理论文章40余篇。组织全市社科工作者开展课题研究,推出8篇高质量研究成果,为市委、市政府决策提供了理论参考。

二、坚持全媒融合发力,新闻舆论引导唱响新旋律

(一)积极营造疫情防控氛围。疫情发生以来,第一时间成立了宣传工作专班,研究制定《新冠肺炎疫情防控宣传工作方案》,组建百人宣传联络群,建立日调度机制,形成"市委宣传部 + 市级媒体—区县矿 + 通讯员"两层四级联动网络,打通基层宣传"最后一公里"。组织各类媒体推出《坚决打赢疫情防控阻击战》《发布会直击》等10余个专栏专题,及时准确发布权威信息。举办18场专题新闻发布会,邀请96人(次)答记者问,及时回应社会关切,做到了正面引导。坚持全媒体融合宣传,发布部门通告、提示等60余期,阅读总量高达2000多万,制作短视频1000余条,推送重点稿件5万多篇(条),新媒体平台点击量超过4亿次。做好宣传方向引导,传达宣传报道指令800余条,指导市级媒体刊(播)发相关报道9000多篇(次),营造了万众一心、众志成城的良好氛围。

(二)统筹做好主题活动宣传。建立新闻例会制度,及时传递正面权威声音,跟进主流舆论导向。积极推进勃利县融媒体中心建设,完成"勃利融媒"app 在各类平台商店上架,持续加大推广力度。先后开设复工复产、改革攻坚、生态保护等 40 余个专题,集中连续开展重大宣传报道。组织策划"党的十九届五中全会精神宣传""决胜全面小康、决战脱贫攻坚""双百项目进行时""约惠冠军城 携手电商助农"等 30 多项大型系列报道。开展"走向我们的小康生活""走街串巷访百家"等系列主题采访报道,深度挖掘"沾泥土""带露珠""冒热气"的新闻点,全面展示群众幸福感、获得感,积极营造全面建成小康社会浓厚氛围。

(三)对外宣传效果显著。积极协调联系上级媒体,配合新华社黑龙江分社、杂志《奋斗》、省小康生活等主流媒体深入全市采访 20 余次。制作完成新版城市宣传片,不断提升全市对外宣传推介水平,树立城市名片和形象。持续做好主题对外宣传,在《黑龙江日报》推出 12 期地方版和专刊,在中央电视台、新华社、《人民日报》等中央级和省级媒体累计播发、推送稿件 2300 余篇(条)。大力实施城市品牌工程,央视《新闻联播》首次以 4 分 30 秒的时长报道七台河"稳投资、优环境"的有力举措,首次创造了一天内两次登上央视、两个月内两次登上《人民日报》、两次登上《新华社内部参考》《新华每日电讯》的纪录。

(四)持续强化网上引导。建立全市网络舆情信息员队伍,设立 24 个市级舆情信息直报点,有效处置疫情期间舆情事件,累计向省报送舆情信息 100 余篇(条),采用信息 20 余篇(条)。全市政务新媒体宣传疫情防控信息近两万条,推送防疫抗疫事迹短视频近 1000 个,累计播放量近亿次,总点赞量 5000 余万。做实双百项目开复工网上宣传,直播前制作 22 个视频预热,总播放量超 27 万次。

三、抓实思想道德建设,精神文明创建呈现新气象

(一)全面推进社会主义核心价值观的培育和践行。制定活动方案,组织广大干部、师生开展社会主义核心价值观进校园主题教育活动。通过悬挂国旗、群众性主题教育、主题征文、演讲比赛等活动,广泛激发群众爱国热情。认真开展中宣部感动瞬间系列影片主题教育宣传活动,大力

弘扬爱国主义精神。开展"爱国心·报国情·强国志"主题教育活动,征集作品208篇,向上推荐5篇。协调有关部门,联合开展酒驾醉驾、"七五"普法、禁烧秸秆、爱国卫生运动等专项活动,大力弘扬社会正能量。发挥先进典型示范引领作用,开展"岗位学雷锋""战疫有我·感动龙江""脱贫攻坚"先进事迹宣讲活动,全面弘扬爱岗敬业、无私奉献精神,全市1名同志被命名为全省岗位学雷锋活动标兵,1名同志荣获全省"最美脱贫攻坚奋斗者"提名。

(二)全面加强精神文明教育。先后围绕防控举措、健康理念、勤俭节约等主题发布倡议书12篇,利用"文明七台河"公众号推送稿件213篇、短视频300余条,组织各县区出动500余台宣传车,张贴公益广告4000余张,增强了群众树立文明健康、绿色环保的理念。积极推荐好人好事典型,全市6人被评为"龙江好人",其中1人入选"中国好人榜(11月)"候选。积极开展"我们的节日"主题活动,大力弘扬中华优秀传统文化。先后组织60余家文明单位和上千余名志愿者,开展"我们的清明·文明缅怀""志愿扶贫路·情暖端午节"等主题活动,共征集作品100余部,其中4部作品在人民网黑龙江频道、龙江志愿发布推广,全市推荐的《小重山·端午》作品,获得省级最佳"云艺奖",并在省广播电视台展播。

(三)全面巩固拓展精神文明创建成果。坚持将核心价值观建设融入各项创建活动中,引领社会风尚。组织219家文明单位、社区、村镇、家庭开展疫情宣传180余次,发放资料10000余份,强有力推动了疫情宣传工作延伸。积极参加"龙江有美村"作品征集评比,其中3部作品名列前茅。开展文明单位帮扶共建活动,组织70余家文明单位与58个文明实践站对接共建,广泛开展文明社会风尚活动。组织动员9900余名志愿者开展志愿活动210余次,引导激励群众养成良好行为习惯,积极参与志愿服务。扎实推进环境整治专项活动,开展"单位环境大整治""家庭卫生大扫除""周末卫生日"等活动240余次。开展环境整治专项督查,刊发专报6期,曝光反面典型。有序推进农村人居环境"四清"整治,累计出工3.32万人次,出动车辆5657台(次),清理垃圾9.48万吨、庭院6395户,有效推动城乡环境整治向纵深发展。大力推进新时代文明实践中心建设,目前已建成 1 个中心、15 个实践所、135 个实践站,初步拟完成 14 个展馆建设规划。

(四)全面推进国防教育活动。常态化开展拥军优属、拥政爱民、国防教育宣传教育工作,在人流密集处播放征兵宣传片。制发《国防教育进学校、进机关、进街道、进乡镇方案》,扩大国防教育覆盖面、影响力。扎实开展"国防教育月""烈士纪念日"等活动,组织开展"爱我国防"职业技师学院和中小学校演讲比赛、主题征文活动,引导干部群众参与、关心国防建设。

四、稳步推进惠民工程,文化事业产业开创新局面

(一)群众文化生活不断丰富。成功举办 2020 年"我们的中国梦——文化进万家"活动,协调市文旅局、市文联和各县区组建文艺轻骑兵志愿者小分队 11 支,开展线下和线上送节目等活动 150 多场,"学习强国"刊发全市活动信息 16 篇。开展"线上群中说说地方史",准确翔实讲述七台河历史。开展"美丽乡村 幸福生活"文艺演出、第四届农民文化艺术节、优秀文艺作品展等活动,不断满足群众文化需求。以"城市之光""金色田野"活动为牵引,开展"全面建小康·激情颂龙江"群众文化活动和培训 61 场,省部《文艺快报》先后两次刊发全市文化活动亮点。

(二)文艺作品创作成果丰硕。积极组织全市文艺骨干开展线上文艺课程,培训学员 5000 余人次。组织群众在各级媒体发布原创歌曲、书法、诗歌等文艺作品 1500 余件,通过《黑龙江宣传》推送 7 件作品。积极向上推介,14 部文艺作品获得省级文艺作品创作奖项。开展"读书集诗"活动,征集高质量作品 80 余份。

(三)文化产业发展持续向好。组织 5 户企业参加深圳文博会等著名展会,全面搭建文化产业交流、交易平台,提升了全市文化企业、文化产品的知名度和影响力。明确九项改革任务,积极推进市融媒体中心和勃利县融媒体中心建设,勃利县融媒体中心硬件建设已通过省委宣传部验收,app 现正在扩大覆盖面和下载率。

(四)文化体制改革有序推进。制发了《关于推进七台河市公共文化法人治理结构改革的实施方案》,明确公共文化事业发展目标,以公共图书馆、博物馆为重点,建立以理事会为主要形式的法人治理结构,健全决策、执行和监督机制,提升管理水平和服务效能,为人民群众提供更加优质高效的公共文化服务。制发《七台河市文化惠民工程建设规划实施方案》,实现公共文化场馆免费开放,公共文化设施建设全面覆盖,扎实推动文化进万家、数字化平台搭建等工作。

五、落实守正创新要求,出版版权管理取得新进展

(一)注重提升政务服务能力。建立全市出版发行单位、印刷企业台账,指导 34 家企业进行年审。开展"双随机、一公开"全面清查专项活动,对内部资料性出版物全面抽查检查。及时对接农垦森工政府,做好行政职能接收工作。高质量完成重点党报党刊发行工作,积极拓展发行渠道,取得全省第三好成绩。落实落靠《习近平谈治国理政》第三卷的发行征订工作,全市共征订 18972 册,实现了每名党员人手一本、支部必有一册要求,圆满完成征订任务。有序做好"证照分离"改革,大力推行证明事项告知承诺制,做好政务服务事项管理系统数据维护工作。

(二)全面营造书香城市氛围。开展"书香七台河·全民阅读月"活动,组织各单位参加线上知识竞赛,悬挂条幅 600 余条,张贴海报 500 余张,营造全民读书良好氛围。做好 2020"新时代乡村阅读季"工作,近 700 人连续读书打卡 100 天。开展"我的书屋·我的梦"农村少年儿童阅读活动,征集作品 170 余件,开展实践活动 10 余次,受到省部领导的肯定表扬。

(三)深入开展"扫黄打非"行动。以"护苗 2020"为抓手,积极弘扬绿书签理念,开展"绿书签行动"系列活动 10 余次,检查 400 余家,清查校园图书近 10 万册。开展"扫黄打非"两项集中行动和五项专项行动,推进基层示范点创建,市第七小学候选为全国"扫黄打非"进基层示范标兵。

(四)积极推进版权保护工作。组织开展知识产权宣传周活动,对 4 家省级版权示范单位开展核查发放资料 200 余份,营造"拒绝盗版、从我做起"氛围。联合公安、网信等部门开展"剑网 2020"专项行动,全面打击网络侵权盗版信息,处理侵权行为 10 起。常态化推进软件正版化工作,明确成员单位职责,制发工作计划,建立健全工作制度。做好电影《我心飞扬》拍摄取景工作,对农村电影放映进行督促检查。

高扬旗帜砥砺奋进　笃志实干再谱新篇

中共鹤岗市委宣传部

2020，为党立心，扛牢政治使命，彰显宣传忠诚。

2020，为时代立传，致力守正创新，彰显宣传担当。

2020，为家乡立言，携手奋勇向前，彰显宣传力量。

静水流深，沧笙踏歌。站在新年升腾的曙光里，回眸 2020 年，全市宣传思想文化工作的答卷，内容精彩，催人奋进。

理论武装走实走深，意识形态向上向好，舆论宣传浓墨重彩，文明创建卓有成效，文化发展蒸蒸日上。

全市宣传思想文化工作在省、市委的坚强领导下，聚焦"战疫""战贫"两场硬仗，统筹推进疫情防控和宣传思想文化工作，以真抓的实劲儿，敢抓的狠劲儿，常抓的韧劲儿，迎难而上、奋勇担当，增政治定力、聚思想合力、强传播能力、展文明魅力、兴文化伟力，打赢了一场又一场硬仗，为开启全面建设社会主义现代化国家新征程凝聚了强大精神力量，展示了鹤岗担当，做出了鹤岗贡献。

一、高举旗帜，点燃理想信念之灯塔

旗帜是方向，旗帜是力量。

这一年，全市宣传思想文化战线始终不渝立时代潮头，发思想之先声。全市在深学彻悟笃行习近平新时代中国特色社会主义思想中下功夫，一场场思想洗礼让学习走深走实，一次次基层宣讲让学习入脑入心，

一步步理论研究让学习凝聚力量。高处着手、大处着眼、细处着力，举精神之旗、立精神支柱，推动党的创新理论在鹤岗落地见效。

"头雁效应"以上率下促学习。知向何处则方向不惑，明所从来则动力充足。市委理论学习中心组围绕十九届四中、五中全会、《习近平谈治国理政》第三卷等内容，带头集中学习 22 次，县处级中心组集中学习 730 余次，以领导干部"关键少数"带动广大干部群众"绝大多数"，有效带动全市广大党员干部跟进学、深入学、系统学。学习新思想的热情不断升腾，学习新理论的热潮逐浪高，全市各级党员领导干部积极参与龙江百万党员读《习近平谈治国理政》第三卷活动，总参与率稳居全省 17 个市地、系统第一名，在职党员学习参与率达到 100%。

"三微平台"双向交流广学习。"教者，效也，上为之，下效之。"理论宣讲上接"天线"，下接"地气"，为让党的理论宣传敲开百姓思想之"门"，真正"飞入寻常百姓家"，首创微平台、微宣讲、微研讨"三微"网上学习新模式，推动"线上线下"学习紧密结合，加强"指尖上的政能量"的传播力影响力，《习近平谈治国理政》等书籍成为党员干部案头经典，打卡"学习强国"成为学习时尚，崇尚学习蔚然成风。全市"学习强国"活跃度、龙江百万党员读《习近平谈治国理政》第三卷活动总参与率全省均排名第一。创新"线上故事会""村村大喇叭"等形式，深入乡镇、村屯开展乡村振兴、脱贫攻坚等内容宣讲活动 120 余次，开展"理论 + 政策"进机关、进企业、进社区、进村屯等宣讲活动 75 场，用"身边变化"讲"理论魅力"，用"邻里家常"说"理政新篇"，既冒热气，又接地气，让基层"听得懂、听得进、记得牢"。

"知行合一"精细调研深学习。行之力则知愈进，知之深则行愈达。有思想、有高度、有价值，实践的延伸推动着理念成果的更新，把课堂设在城市治理、经济发展、生态保护、农村振兴的第一线，实现全市重点线路和特色调研点全覆盖，通过现场观摩学习，努力推出一批具有思想深度、富有改革新意、卓有实际成效的研究成果，编撰完成了 25 万字的黑龙江历史文化研究工程项目《鹤岗历史文化通览》，组织社科工作者申报 2020

年度黑龙江省经济社会发展重点研究课题和省社科院重点课题共4项,其中3项已通过省专家委员会评审立项,切实为高质量转型发展提供了理论支撑和实践指导。

二、凝心聚力,奏响舆论宣传最强音

讲好鹤岗故事、传播鹤岗声音、见证鹤岗力量。

这一年,全市宣传思想文化战线尽心尽力服务中心大局、奏响时代强音,与全市中心工作同频共振,"台、报、网、端、微、屏"同声发力,走深走实的系列主题宣传报道、直击人心的抗疫故事、如火如荼的民生采风……为全方位推动高质量发展、打赢疫情防控阻击战、打赢脱贫攻坚战张帆造势、汇集力量,以"最强音"为鹤岗放歌立言。

决战决胜的主旋律更高昂。求富求强,民之本愿。聚焦脱贫攻坚火热实践发强音,开展"走向我们的小康生活""百大项目建设进行时""脱贫攻坚 鹤岗进行时"等主题宣传活动11次,刊(播)发各类新闻报道5000余篇(条)。围绕"新时代 新鹤岗 新印象"主题,邀请中省级媒体记者走进鹤岗深度采访脱贫攻坚、城市生态建设、民生改善、重大项目建设等亮点工作,累计发稿785篇(条),全方位展现党员干部群众同心同德奔小康的精神风貌,2月份在省台报道综合排名第二,7月份综合排名全省第一。

全民抗疫的凝聚力更强劲。攥指成拳、靶心发力。全市宣传思想文化战线闻令而动,第一时间吹响战"疫"宣传的号角,"线上 + 线下"同向发力,市县两级融媒体推送稿件1.4万条,制作防疫科普类、公告信息类、动态提示类短视频840个,点击量累计1.8亿次。其中,《武汉返鹤学生主动配合登记检查》《除夕夜的发热门诊》单条点击量分别达到649万次、2300万次。1800多个LED电子屏"亮"起来、1.6万余幅标语口号"挂"起来、2000余个大喇叭、音箱"响"起来、1000余辆(次)宣传车"跑"起来……组织召开应对疫情新闻发布会13场,有效回应媒体关注和社会关切,90多万了不起的鹤岗人无畏担当、砥砺前行,展现了同心同德共克时艰的鹤岗决心和鹤岗力量。

媒体融合的主阵地更坚实。"导人心者必导于言"。市县融媒体中心建设工作立足"新闻＋政务＋服务""传统＋新兴"一体推进，全面打开"鹤岗话筒"和"边陲音响"，大力宣传鹤岗的形象品牌和发展变化。市县融媒体以新闻直播、动态报道、视频推送等方式全方位、立体化宣传 2020 首届鹤岗市鹤立湖冰雪赛车国际邀请赛，在新华社、中新网、《黑龙江日报》、黑龙江广播电视台等媒体发稿 10 余篇，开设"共创国家森林城 建设美丽新鹤岗"专栏，相继刊发《葱茏尽抱绿染城——记者走基层之东山区创森见闻》《"创森"让煤城变了模样 鹤岗一城山水半城林》等 210 篇（条）鲜活生动的稿件，爆表的"言值"让全市知名度、美誉度和影响力大幅提升。

三、铸魂育人，画好崇德向善同心圆

道德之力春风化雨，文明之风薪火相传。

这一年，全市宣传思想文化战线持之以恒引领时代风尚，厚培精神沃土。强化责任担当，坚持筑牢道德高地，突出价值引领，注重发挥典型示范力量，扎实开展各类文明创建活动，深耕成风化人"文明沃土"，共建共享提升"福祉"，提升市民文明素养，厚植城市气质内涵，推动城市转型升级。

文明之风润泽边城。"文明花开结硕果，同心掬得满庭芳"。全市 10 个集体（家庭）被中央文明委授予全国文明村镇、文明单位、文明校园、文明家庭和未成年人思想道德建设先进单位等荣誉称号，11 个集体经过复检继续保留荣誉称号。组织开展"文明村屯、干净人家"创建活动，评选出文明村屯 97 个、干净人家 2098 户。新时代文明实践中心充分发挥作用，开展各类活动 2400 余次，4 万人参与。组织开展"文明节约用餐"行动，举办"拒绝舌尖上的浪费"主题文明实践活动启动仪式，发放宣传品 2 万余份（件）。"鹤岗最美、因为有你"主题文明实践活动成效凸显，让新风正气改变一座城，提升一城人，实现了从品牌建设到民意认同，再到价值追求的转变。

道德之根其固如磐。榜样之花，灼灼其华；凡人善举，最动人心。广

泛开展典型选树活动,以"身边的榜样"引导群众见贤思齐、向上向善、向美向暖,7人荣获"最美脱贫攻坚奋斗者"等省级荣誉称号,12人荣登龙江好人榜,评选出全市第四届道德模范17人。强化典型引领,黑龙江省"我们的中秋·守望乡愁"主题系列活动在鹤岗启动,市委书记为鹤岗市荣获省级以上道德模范和"身边好人"称号的代表们颁发礼遇卡。全市近7万人参加全省公民道德建设网络答题并获全省第三,组织开展26场"道德典型走基层"宣讲,近5000余人参与,从中国好人到全省最美医生、五四青年奖章获得者,讲事迹、谈感悟、树新风……说不尽的好人故事,为城市文明之风增添最为温润的色彩。

志愿服务温馨暖心。全市近6万名"红马甲"常年活跃在大街小巷,2020年积极开展扶贫救灾、敬老救孤、恤病助残、法律援助、文化润养、文明劝导、环境保护、健康义诊等各类志愿服务活动4200余次。特别在防控疫情期间,全市各行各业志愿者成为防疫"主力军",志愿者们积极参与防疫宣传、入户排查、日常巡逻等志愿服务活动,涌现出了"不怕冻"的大学生志愿者张天翼、"姜汤大哥"闫彪等一大批事迹突出的优秀志愿者,他们无畏"逆行","硬核"担当,以一抹鲜亮的"志愿红"带动了更多的鹤岗人争做正能量的"发光体"。

四、为民惠民,提振文化自信精气神

国家之魂,文以化之,文以铸之。

这一年,全市宣传思想文化战线在文化涵育中精准发力,营造文化惠民氛围,打造文化铸魂品牌,锻造文化滋养本领,真正让丰富多彩、寓教于乐的群众文化活动点亮老百姓的幸福生活,不断增强全市人民对文化力量的信赖认同,增强致富奔小康的精神力量,切实让鹤岗文化"软实力"变成经济发展"硬支撑"。

精品创作为鹤岗形象加分。"百舸争流,奋楫者先"。"线上""线下"文化服务同频共振,铺设文化发展"快车道",开展"新时代 新鹤岗 新印象""书香润鹤岗,小康进万家""以艺术战'疫'"等大型主题文化活动540项(次),创作各类文艺作品1200余件。小品《绿水青山带笑颜》、小品《美好生活》、舞蹈《爱的力量》、歌曲《逆行天使》荣获黑龙江省第十六届"群星奖"评比活动二等奖,小品《等你回来》、歌曲《呼吸》荣获三等奖。《萝北初晓 只因君行早》《家园无恙 感恩有你》《守望》3 个原创短视频荣获全省"众志成城 抗击疫情"网络视听作品征集展播评选活动优秀作品奖。《全民英雄》《逆行者》《白衣英雄》《呼吸》等 10 余首原创歌曲和多篇书画、摄影作品在"艺术龙江""黑龙江宣传""黑龙江省摄影家协会"等省级官方微信公众平台发布。

文旅融合为鹤岗经济加油。以文塑旅、以旅彰文,编制了《鹤岗市全域旅游发展总体规划》,加快推进文旅产业融合发展,举办首届森林漂流节、第三届梨花节、大型民族歌舞剧《寻梦女真》进驻景区等特色活动,细鳞河民俗风情园、金顶山国家地质公园建设得到进一步完善,"彩虹公路"成为网红打卡地,萝北县东明乡红光村荣获全国第二批重点旅游村称号,吸引市内外大量游客在鹤岗拥抱"诗和远方"。引进了"国字号""省字号"大型赛事活动,举办首届鹤岗冰雪赛车国际邀请赛,同步举办"抖音短视频大赛"点击量达 140 余万次,将全市的"冷资源"转化为"热效应"。"十一"期间举办"荟文化、汇优品、惠生活"鹤岗惠民购物节暨金秋车展活动,销售各类文创及地方产品 3000 余件、汽车 170 余台,实现销售额 1700 余万元,达到了惠民生促销费的双重目标,不断促进全市文旅市场消费"解冻升温"。

文化惠民为群众幸福加码。"利民之事,丝发必兴",坚持以"文化惠民、文化乐民、文化富民"为方向打好文化惠民"组合拳",组织开展了"风华国乐 魅力鹤岗"新春音乐会、"魅力鹤岗幸福年"2020 年迎新春文艺专场演出、"最美的功臣——环卫工人"专场演出、"城市之光"和"金色田野"文艺专场、"翰墨迎春"书画作品展、"新时代 新鹤岗 新印象"美术作品展、"我和我的祖国"庆祝新中国成立 71 周年书法篆刻展等大型文化活动 11 项。指导县区、乡镇(街道)、村屯(社区)开展"我们的中国梦"——文化进万家、红色文艺轻骑兵小分队下基层、"城市之光"和"金色田野"等群众性文化活动 200 余项,极大提升了群众精神文化生活获得感。

积跬步以行千里,致广大而尽精微。朝气蓬勃的新时代,宏图待展的新画卷,是宣传文化人大展身手的新舞台,我们必须铭记前行坐标,紧握奋进之桨,高扬使命之帆,苦干实干加油干,扬鞭催马自奋蹄,为开启全面建设现代化鹤岗新征程凝聚同心筑梦的磅礴力量,创造无愧于伟大时代的新辉煌!

凝聚黑河砥砺前行的思想伟力

中共黑河市委宣传部

　　刚刚过去的 2020 年,犹如一位严苛的考官,将一场又一场错综复杂、极不寻常的"大考"摆在黑河全体人民面前……回望来路,有太多瞬间值得铭记,有太多记忆让人难忘。而这些被历史坐标标注的时间节点,总有时代的精神底色熠熠生辉。

　　这一年,面对严峻的新冠肺炎疫情,面对繁重的改革发展稳定任务,黑河市委坚持以习近平新时代中国特色社会主义思想为引领,认真贯彻落实党中央和省委一系列重大决策部署,团结带领全市人民奋勇拼搏、攻坚克难、砥砺前行,取得了抗击新冠肺炎疫情的重大战略成果,各项事业在关键之年逆势上扬,在特殊时期实现突破,风雨兼程中交出一份靓丽答卷。

　　这一年,在市委的坚强领导下,全市宣传思想文化战线坚定信心、保持定力,忠实履行"举旗帜、聚民心、育新人、兴文化、展形象"的使命任务,围绕中心、服务大局,聚焦"战疫""战贫"伟大实践,生动讴歌决胜全面小康壮阔征程,在黑河大地上唱响了嘹亮主旋律,汇聚起了强大正能量。

一、举旗亮剑,点燃信仰之光

　　知向何处则方向不惑,明所从来则动力充足。一年来,面对一系列急事难事、大事要事,全市宣传思想文化战线高举思想旗帜,深化理论武装,用马克思主义立根铸魂,用习近平新时代中国特色社会主义思想凝心聚力,用深学彻悟笃行淬炼思想、升华境界、汲取力量、指导实践,始终把牢理想信念方向盘,为加快社会主义现代化新黑河建设构筑了最为坚实的精神支撑。

1. 理论武装"强"起来。以"关键少数"带动"绝大多数"。市委理论学习中心组切实发挥党委(党组)理论学习引领作用,全市党员干部坐下来、静下心,读原著、悟原理,"大学习"的尚学之气溢满边城。一年来,市委理论学习中心组开展集体学习 8 次,各级党委(党组)开展中心组学习近 3000 次,覆盖党员干部近 6 万人。思想田野里的每一寸躬耕,总能在实践中寻得收获。全市党员干部浸润着真理的味道,初心愈发闪亮,使命愈加明晰。

2. 理论宣传"活"起来。理论一经掌握群众,也会变成物质力量。为了使党的创新理论"飞入寻常百姓家",一年来聚焦党的十九届五中全会、省委十二届八次全会精神和党中央重大决策部署,网上网下相结合开展近 500 场形式多样化、内容靶向化、队伍多元化的宣讲活动,用"大众化""接地气"的形式宣讲党的最新政策,打通了宣传群众、教育群众、服务群众的"最后一公里",使党的"好声音"唱响黑河大地。克服疫情带来的影响,打造推出"宣讲微课堂"学习平台,以"屏对屏"代替"面对面",40余场网络理论宣讲,60 余万次视频点击量,让党的最新政策、创新理论如春风化雨滋润心田、深入人心。

3. 理论研究"亮"起来。立时代之潮头,发思想之先声。全市哲学社会科学工作者着眼发展大局和改革发展实践,肩负思想引领、精神启迪重要使命,推出对政策制定有参考价值,对事业进步有推动作用的优秀成果。编撰完成了《黑龙江历史文化通览·黑河卷》,重磅推出的《黑河自贸试验片区建设的对策研究》被列为全省经济社会发展重点研究课题。

4. 意识形态"严"起来。坚决扛起"意识形态工作是党的一项极端重要的工作"重大政治责任,牢牢把握意识形态工作主动权,先后对 46 个市直党委(党组)和国有企业开展意识形态工作情况巡察,及时排查管控意识形态领域风险隐患,加强各类舆论阵地管理,构筑起意识形态安全的"防火墙"。大力营造风清气正的网络空间,登记备案网络直播账号 60

余个,处置疫情期间网络舆情事件 107 起,使互联网这个最大变量成为事业发展的最大增量。

二、风雨征程,唱响时代强音

几多风雨、几多壮志。极不平凡的 2020 年呈现了各种艰难,也书写了恢宏篇章。疫情灾害叠加,战"疫"战灾,硬仗一个接一个;脱贫攻坚、扫黑除恶、承办全省旅发大会,大战一场接一场。越是爬陡坡、过大坎的关键节点,越需要"在人的头脑里搞建设"。大战大考前,全市宣传思想文化战线胸怀大局、把握大势、着眼大事,紧紧围绕市委、市政府中心工作,紧跟"战'疫'战贫、决胜全面小康"的铿锵步履,强信心、聚民心、暖人心、筑同心,让攻坚时刻有了更强劲的动力,让奋进征程有了更一致的步伐。

1. 并肩战"疫"、彰显担当。疫情防控阻击战打响后,黑河市第一时间启动宣传引导应急响应机制。全市宣传思想文化战线闻令而动、集结精锐,迅速投入主战场。在记录历史的同时,也将自己的身影载入历史。各级新闻单位全体采编、制作发行播出人员终止休假、返回岗位。所有记者不畏艰险,与逆行者同行,挺进疫情第一线,第一时间用笔触和镜头传递党中央、省委、省政府和市委、市政府关于疫情防控的决策部署,讲述全市上下众志成城共克时艰生动故事。主流媒体的"硬核"力量在云遮雾罩中发挥了"定海神针"作用。全战线以"笔"为战刀、以"纸"作战旗,以"艺"战疫、以"读"攻毒,成立由 143 个政务公众号组成的媒体矩阵,下发疫情防控宣传报道提示 180 余期,制作抗疫宣传展品 7000 多份,推送各类报道近 6 万篇(次)、短视频近 1.3 万余条,点击量突破 6000 万。推出战疫文艺作品集锦展播 50 期、"黑水时评"系列评论 40 余篇,发挥了强有力的舆论引领作用,在关键时刻统一了思想,凝聚了共识,汇聚了"战疫"的磅礴力量。

2. 同向发力、同频共振。市委中心工作布局到哪里,宣传思想文化战线就及时跟进到哪里、主动服务到哪里。黑河日报社、黑河电视台开设抗疫战果、脱贫攻坚、复工复产、"百大项目"建设等专题专栏近 60 余个,从讲好脱贫小康收官好故事到展现招商之冬、大干之夏、收获之秋火热场景，从集中解读市委落实"六稳""六保"任务举措成效到精心开展黑河峰回路转、各行各业复工复产的集中宣传，从讲述市委团结带领全市广大党员干部群众啃下大黑河岛拆迁、大面积棚户区改造等难啃的"硬骨头"到聚焦群众期盼多年的北黑铁路升级改造项目开工……1万余篇分量十足、鲜活生动的主题报道，经中省媒体"发酵"，引起广泛热议，刷屏无数。不但坚定了全市上下干事创业、砥砺前行的信心与决心，更充分展现了黑河发展要素加快齐聚、振兴势头持续向好的良好局面，让世界听到了一个个有"温度"的黑河故事，感受到北疆边陲的心跳。

3. 多元发声、融合传播。一年来，把握媒体革新和互联网传播态势，黑河市大力推动主力军加快进入主阵地，守则如磐又与时俱进，媒体融合不断加快，新闻舆论传播力、引导力、影响力、公信力得到了进一步提高。建成黑河融媒中央厨房，市区6家新媒体入驻平台，北安市国家级、嫩江市省级融媒体中心试点顺利通过验收。与此同时，强化新闻宣传阵地建设，建成了市政府新闻发布厅，围绕疫情防控、旅发大会等重点工作召开新闻发布会12场，回应社会关切，传递黑河声音。主流舆论阵地持续巩固壮大，主流思想舆论感召力进一步彰显，融合传播、全媒表达奏响时代"最强音"，构筑起了网上网下"同心圆"。

三、砥砺奋进,涵育文明新风

过去一年，黑河市举全市之力推进全国文明城市创建工作，不断提升市民文明素养，厚植城市气质内涵，推动城市转型升级。84个改造升级的老旧小区旧貌换新颜，实现"美丽蝶变"，越来越多的老旧小区居民切身感受到了"幸福来敲门"的喜悦。5400余名志愿者克服极寒条件，用初心大爱弘扬"奉献、友爱、互助、进步"的志愿服务精神，与基层党员干部一起，完成市区15万人的疫情隐患排查，构筑起了抗击疫情的严密防线。在全省地级市首个出台《黑河市文明行为促进条例》，文明行为促进工作进入法制化、规范化、长效化的新阶段……生活环境美丽整洁，社会秩序规范有序，凡人善举不断涌现，志愿服务蔚然成风……精神文明的灼灼之光汇聚成了一道璀璨的道德星河,让更多的黑河人追着这束光、融入这道河!

1. 文明之树其叶蓁蓁。新时代文明实践中心北安市国家级试点建成投用,建成文明实践所37个、文明实践站201个,荣获国家和省级精神文明荣誉32个,北安市志愿者尚玉山荣获"全国抗击新冠肺炎疫情先进个人",以文化人、成风化俗作用发挥更加突出。

2. 爱国之根其固如磬。建设6条市县两级国防教育一条街,新增4处省级爱国主义教育基地,五大连池市保护红色遗址遗迹、弘扬东北抗联精神做法入选中宣部爱国主义教育创新案例,爱国情怀激荡在边城人民心间。

文明之风润泽边城,文明因子"日用而不觉":礼让斑马线已成基准线,反对餐饮浪费渐成新时尚,文明上网、理智表达成为习惯……宣传引导、典型引带、德润人心——始终把培养担当民族复兴大任的时代新人作为重要职责的宣传思想文化战线,正突出价值引领,深耕成风化人"文明沃土",推动社会主义核心价值观月映万川、辉映万物。

四、真抓实干,激活文旅动能

金秋九月,黑河迎来了高光时刻。高起点规划、高标准设计、超常规推进的全省第三届旅发大会向全国乃至世界呈现了一场特色鲜明、魅力十足、精彩圆满的旅游盛会。实施的"一带、一园、一岛、五街、博物馆群"等11个景城一体化项目和29个市政项目,成功打造了主客共享、必游必到、景城一体旅游目的地。世界的黑河惊艳了世界,开幕式上"水陆空"三栖表演燃爆现场,全网观看云端开幕式超过1.2亿次。成功举办的全省第三届旅发大会提升了旅游城市形象,激活了文旅市场、提振了消费信心,让世界的目光再次聚焦黑河。2020年,全市共接待旅游者530.1万人次,实现旅游收入32.8亿元。

1. 打响后旅发时期"秋冬会战"。高标准编制旅游业"十四五"发展规划,谋划后旅发大会项目46个,成功举办了黑河首届寒区试车节、五大连池风景区冬捕节、逊克雾凇节等冬季冰雪旅游活动。冬季旅游与寒区试车、冰雪文化、冰雪体育的深度融合,演绎了风景这边独好的无限魅力,黑河秋冬季旅游竞争力明显提升。五大连池市边河村、爱辉区外四道沟村和新生乡新生村入选全国乡村旅游重点村。

2. 推动文旅产业回暖复苏。举办黑河旅游发展论坛暨首届俄货节,启动"黑河旅游推介联盟",帮扶文旅企业争取贷款 610 万元,向 24 家境内旅行社暂退质保金 264 万元,文旅经济活力得到不断释放。

3. 文化事业繁荣发展。旅俄华侨纪念馆和知青博物馆晋升国家二级博物馆,爱辉区"上元节"、孙吴县"满语故事"入选国家级非物质文化遗产代表性项目名录,《边境线上的美丽乡村》一书荣获全省优秀图书精品奖,逊克县 2 部文艺作品荣获首届全省文艺英华奖,爱辉区被列为省级历史文化名城。丰富多彩的群众精神文化生活,更好地满足了人民群众对美好生活的新期待。

等闲识得东风面,万紫千红总是春。文化旅游的深度融合,释放了新活力、培育了新动能,让黑河成为令人向往的"诗和远方"。

五、守正创新,讲好黑河故事

2020 年春节前夕,黑河与俄布市共同举办的"双子同欢中国年"系列境外文化交流活动,吸引了 20 余家中省级媒体、10 余家俄方主流媒体进行宣传报道。客观真实、立体多彩的中国,生动形象、充满活力的黑河再次"圈粉无数"。活动被省委宣传部评为当季"宣传思想文化十大亮点工作"之一。

作为"一带一路"上的重要节点城市,黑河切实担负起"展形象"的使命任务,以对俄为重点创新外宣工作,在全方位对外开放中主动策划、强势发声,生动讲述了中国故事黑河篇章。把宣介习近平新时代中国特色社会主义思想作为首要任务,利用境外公共文化平台,讲好中国共产党治国理政的故事。围绕美丽中国、传统文化、自贸片区建设、抗击疫情、脱贫攻坚等发展成就,以"中国之窗"境外网站及公众号为平台,强化信息推送。一篇篇稿件、一幅幅照片、一个个镜头,浓墨重彩展示了中国形象、黑河形象,生动诠释了中国共产党为什么"能"、马克思主义为什么"行"、中国特色社会主义为什么"好"。举办中俄两岸线上庆祝"二战胜利纪念日""世界旅游日"活动,云端相聚让心更近、情更深。

"一个故事胜过一打道理"。讲好黑河故事,就是提高城市竞争力的最佳方式,也是助推高质量发展的有效途径。一年来,借助网络直播模式,相继举办了旅发大会旅游项目和自贸区建设招商引资宣传推介活动,线上全网点击量突破 587.7 万。市领导、企业代表化身带货官走进"黑河有好货,等你来直播"活动,吸引 210 万网友围观,累计销售额达 112 万元。黑河的朋友圈越来越大,知名度美誉度不断提升。登上新台阶的对外宣传工作,让充满魅力与潜力的黑河走向更高更远更广的天地……

"彩云长在有新天"。当 2021 年冲锋号已经吹响,中国共产党成立 100 周年的高光时刻马上就要到来,初心不改、使命不怠的黑河宣传人,将在新的历史起点上,实现新担当、展现新作为、干出新业绩,为时代铸魂、为人民立传、为梦想放歌,为加快建设富有实力、充满活力、极具魅力的社会主义现代化新黑河提供坚强思想保证和强大精神力量。

做强做大理论舆论　厚植厚培文化文明

中共绥化市委宣传部

　　2020年,绥化市宣传文化系统坚持以习近平新时代中国特色社会主义思想为指导,牢牢把握正确政治方向、舆论导向、价值取向,紧跟疫情防控新形势,聚焦脱贫攻坚主基调,持续做强做大理论舆论,厚植厚培文化文明,为绥化高标准高质量全面建成小康社会、推动全面振兴全方位振兴提供坚强思想保证和强大精神动力。

一、理论武装入脑入心,团结奋斗的思想基础进一步巩固

　　一是强化理论学习。围绕习近平总书记重要讲话精神以及中央、省市委重大会议决策部署,制定市县两级中心组学习安排意见,对县(处)级党委(党组)中心组学习开展巡听工作。市委理论学习中心组开展专题学习7次,"三微"学习10次。积极探索疫情防控常态化下网上理论学习新路径,利用"学习强国""极光新闻"开展网上学掌上学,在"钉钉"上举办了市管干部网络培训班16期,1.2万人次参加培训。二是强化理论宣讲。以党的十九届五中全会精神和省委十二届八次全会精神宣讲活动为主要内容,组织宣讲团、宣讲小分队和大学生宣讲团深入基层开展巡回宣讲600余场。市广播电视台《理论大讲堂》播出41期,《绥化日报》理论专栏刊发7期,组织开展《民法典》和《习近平谈治国理政》第三卷宣讲活动400余场次。三是强化理论研究。在全市宣传思想文化战线开展了"决胜小康·助力发展"主题调研活动,推出了30项调研课题和22个创新项目,《关于望奎皮影发展情况的调研报告》在省委宣传部《决策参考》

刊发,获省委常委、宣传部部长贾玉梅和市委书记曲敏签批。

二、舆论引领强势强劲,全面振兴的舆论环境进一步优化

一是域内宣传有声有色。精心策划组织重大成就主题宣传,制定《绥化市全面建成小康社会》等 12 个宣传报道方案,推出"全面建小康·幸福都城地""记者蹲点看扶贫""谁不说俺家乡好"等专题专栏 27 个,全媒体播发稿件 12000 多篇,总阅读点击量达 2.1 亿人次。二是域外宣传影响深远。全年省级以上主流媒体共刊(播)发稿件 2600 余篇,中央电视台《新闻联播》节目播出新闻 92 条,《人民日报》刊发稿件 12 篇,新华社刊发稿件 42 篇,黑龙江广播电视台《新闻联播》播出新闻 211 条,《黑龙江日报》刊发稿件 383 篇(头版头题 6 篇)。纪录片《黑土地和她的朋友们》连续 3 天登陆央视,收获粉丝近 1000 万,国家广电总局、"学习强国"、《光明日报》等各类央级媒体发文点赞。三是媒体融合稳步推进。制定了《绥化市高质量推进融媒体中心建设工作方案》,全市 9 个县级融媒体中心全部通过省级平台验收,颁发互联网准入许可证。各地融媒体中心积极参与智慧政务建设,基本完成新闻"策采编发"生产流程改造。

三、道德建设向上向好,崇德向善的正能量进一步汇聚

一是主题教育激励人心。贯彻落实"两纲要一条例",开展国防教育"四进"活动、"妈妈"课堂特色教育活动、"新时代绥化好少年"评选等系列活动,举行"致敬英雄·抗疫雷锋在身边""我们的节日"等主题活动。全市新增志愿者 10407 人,开展志愿服务活动 4810 次,兰西县赵庆荣获生态环保部评选的最美生态环保志愿者荣誉称号。二是典型选树弘扬正气。加大典型选树宣传力度,18 人入选"龙江好人榜",6 人参加了中央文明办"我评议、我推荐身边好人"点赞活动。做好"战役有我·感动龙江"和"最美脱贫攻坚奋斗者"推荐宣传工作,王江、陈华分获荣誉称号。宣传推广疫情防控一线典型 74 个,第一医院李晓波荣获"全国抗击新冠肺炎疫情先进个人",市公安局荣获"全国抗击新冠肺炎疫情先进集体"。三是文明创建不断深化。对 1 个全国文明城市提名城市、12 个全国文明

单位、10个全国文明村镇进行工作指导,全面提升创建标准。推进全市文明村镇创建工作,共创建文明村874个,创建文明乡(镇)119个,全市省级以上文明村实现"一约四会"全覆盖。组织全国第二届文明校园申报工作,哈尔滨师范大学青冈实验中学校获得全国文明校园命名表彰。四是扎实推进新时代文明实践中心试点建设。积极开展结队共建,全市省级以上文明单位(校园)累计结对共建新时代文明实践中心188家。全市9个新时代文明实践中心、60个新时代文明实践所、296个新时代文明实践站全部建设完成,安达市国家级试点、明水县省级试点通过考核验收。

四、文化建设乐民惠民,人民群众的文化需要进一步满足

一是群众文化活动丰富多彩。组织"寒地黑土·金色舞台"线上群众文化展演活动34期,展播文艺节目107个。开展"我们的中国梦——文化进万家"活动项目80项,活动经验编入全省文化活动经验汇编报送中宣部。组织开展了"抗击疫情·黑土壮歌""决胜小康·奋斗有我"等8个线上主题文艺作品征集活动,展示文艺作品1110件。二是文艺精品创作硕果累累。围绕疫情防控、决战脱贫攻坚、决胜全面小康、赞颂美丽家乡等主题开展创作活动,全市累计创作诗歌、小品、歌曲、戏剧、书法、绘画等各类文艺作品2万余件,开展网上文化活动200余项,举办展播活动2500余次。大型龙江剧《芦花谣》作为今年全市重点文艺精品项目,纳入《全省优秀文艺作品创作生产三年行动计划(2020-2022)》,获得省级精神文明建设产品专项引导资金。三是文化体制改革和文旅融合稳步推进。编制全市《绥化市全域旅游发展总体规划》和《绥化市旅游风貌规划》。开展"云游龙江"系列活动,黄崖子关东民俗旅游文化村、昌五镇昌盛村、平安镇民族村、四大坊民俗文化村纳入全省旅游重点村名录。组织参加第十六届深圳文博会"云上文博会",展出庆安版画、绥棱黑陶、彭氏年画以及刘卓剪纸等100余件作品。推动文旅融合项目恒大梦幻城快速落地,成为全省百大项目"体量+质量"领跑者。

五、意识形态平稳平顺,阵地管控的主体责任进一步夯实

一是强化履职尽责。制定《2020 年市委意识形态重点工作任务清单》和《2020 年中央第六巡视组反馈意识形态领域问题整改工作推进方案》。二是着力守牢阵地。对 29 个市直党组织及 30 个乡镇党委意识形态工作责任制落实情况进行了专项巡察。加强文化市场管理,深入开展以"清源""护苗""固边"为目标的"扫黄打非"工作,全市"扫黄打非"基层站点规范化、标准化建设实现了全覆盖。规范出版管理,开展院线执法检查 12 次,全面净化印刷发行市场,规范新闻出版市场经营秩序。三是抓实风险防控。制定《2020 年绥化市意识形态领域主要风险点及传播渠道防控管控责任清单》,排查 9 大方面 29 个风险点。启动加强级互联网应急响应 8 次,监测信息 3167 条,报送《舆情日报》89 期。

六、队伍建设强化实化,宣传思想文化基础进一步增强

一是建清单抓落实。聚焦市委重点工作、全省和全市宣传思想工作要点,制定了 6 个工作任务清单,用清单制、链条式方法推进工作任务落实落靠。二是提素质促落实。在全系统开展了"练内功、强四力、创业绩"活动,在部机关开展了"九个一"活动,征集创新项目 22 项、调研课题 30 个,54 篇工作经验在省委宣传部"黑龙江宣传"公众号刊发。三是强党建保落实。深入开展作风整顿、"五不"整治等活动,严格落实"三会一课"制度,巩固"不忘初心、牢记使命"主题教育成果,市委宣传部党支部连续三年获市直机关先进基层党组织标兵。

高举伟大旗帜　感悟思想伟力
推动林区转型振兴再上新台阶

中共大兴安岭地委宣传部

2020 年,惊心动魄,刻骨铭心。在这注定被世界被国家被历史被你我铭记的一年里,我们不仅见证了历史,更创造了历史。"全民同心战疫""脱贫攻坚""全面小康""林区改革",一个个关键词,串联起一年来一个又一个重要的大事件和时间节点,标注进两个百年之交新兴安历史的坐标之中。黑龙江省大兴安岭地区宣传思想文化战线坚持以习近平新时代中国特色社会主义思想为指导,聚焦"举旗帜、聚民心、育新人、兴文化、展形象"的使命任务,在决胜全面小康、决战脱贫攻坚中展现新作为,在抗击新冠肺炎疫情大战大考中焕发新气象,在夯实基层基础、积极践行"四力"中实现新突破,为推动林区转型振兴再上新台阶,提供思想保证、舆论氛围、精神动力和道德滋养、文化条件。

一、高举旗帜,把牢理想信念"方向盘"

理论创新每前进一步,理论武装就要跟进一步。坚持把学习宣传贯彻习近平新时代中国特色社会主义思想作为首要政治任务和头等大事,深入推进地委政治生态建设提升工程,不断在求实求深上做文章,在求新求效上下功夫。

用理论学习筑牢思想之基。各级党委(党组)创新学习方式、丰富学习内容,在学习成效上寻求突破,采取观看专题片、邀请专家授课辅导、研讨交流、深入基层一线调研等形式深入学习研讨,确保理论学习的思想性、时效性、系统性和引导性。地委理论学习中心组集体学习9次,县级党委(党组)中心组集体学习400余次,撰写人才振兴、解放思想、转型发展等方面的理论文章或调研思考200余篇,每天登录"学习强国"学习平台学习、答题已融入党员干部的日常。在省"学习强国"平台发表优秀稿件103篇,全区"学习强国"个人积分26000分以上有417人。

用鲜活宣讲传递精神之光。以《习近平谈治国理政》第三卷、《民法典》、《中国制度面对面》、党的十九届五中全会精神等为主要内容,通过云上宣讲和分众化、对象化的面对面、互动式、唠家常等宣讲,及时准确地把党的创新理论成果讲清楚、讲明白、讲透彻。共组织开展各类主题宣讲200余次。

用理论研究引领实践发展。邀请省社科院共同研究大兴安岭精神,"深入挖掘龙江振兴精神动力资源,弘扬新时代大兴安岭精神研究"课题已得到省批复立项。

二、聚焦主题,奏响舆论宣传"主旋律"

新闻宣传硬核出击,全力抢占舆论制高点。紧紧围绕地委行署中心工作,突出主题主线,强化宏观指导,坚持创新引领,围绕决战决胜全面建成小康社会和统筹打好"疫情防控、森林防火、项目建设"三个硬仗,攻山头、打战役,成功打响了10余个主题宣传战役,抢占舆论制高点,为加快推进林区全面振兴全方位振兴提供了强大舆论支持。

决战脱贫攻坚宣传浓墨重彩。大兴安岭日报社、大兴安岭广播电视台开展了"走向我们的小康生活"主题采访活动,真实反映林区群众实实在在的幸福感、获得感和安全感。50多名新闻工作者历时半年,行程几万里,用脚步抵达每一个脱贫村,用1500多篇沾泥土、带露珠、冒热气的稿件充分展现了全区决胜全面小康、决战脱贫攻坚的奋斗姿态、生动实践和辉煌成就。

借势发力讲好兴安故事。不断加强与新华社、《人民日报》、中央电视台和省报省台等主流媒体沟通合作,积极打造"壮美兴安·风景这边独好"宣传品牌。在中央和省级主流媒体发表有影响力稿件4000余条,有力提升了大兴安岭林区的知名度、美誉度、影响力。深入开展"最美脱贫攻坚奋斗者"学习宣传活动,刊发刊播"扫黑除恶"专项斗争进展和成果,开展"七五"普法宣传,推动学习宣传习近平总书记全面依法治国新理念、新思想、新战略。

媒体融合发展蹄疾步稳前进。漠河市、呼玛县、塔河县三个县级融媒体中心建设加快推进,到 2020 年末,三个县级融媒体中心分别实现下载量、注册量占常住人口 25% 的工作目标,在全省 13 个地市中率先全面完成任务。

三、万众一心,打好疫情防控"阻击战"

面对突如其来的新冠肺炎疫情,宣传战线党员干部闻令而动,迅速进入紧急状态,投入战斗,充分体现了新时期宣传工作者政治过硬、本领高强、求实创新、能打胜仗的时代精神。

营造浓厚氛围。全区悬挂疫情防控标语、条幅、宣传旗、图版 8.7 万余条,发放宣传单(资料)52 万余份,全天候开播乡村大喇叭,出动 480 台防火宣传车,吹响了全民抗疫集结号。媒体开设宣传专栏 20 余个,推出重磅报道 15 万余条,开展《战"疫"兴安在行动》新媒体网络直播 5 次,直播总点击量达 270 万次。制作"公筷公勺"宣传图片 15300 余张,文明用餐桌牌 1850 余个,播放公益广告和宣传疫情防控视频 2300 余次,为打好打赢疫情防控阻击战、总体战提供强有力的舆论支持。

志愿服务先行。各条战线的四万余名志愿者们逆行而上,不畏疫情,主动请缨,全力以赴应对战"疫",为打赢防疫阻击战提供了坚强保障。

文艺宣传助力。创作抗疫题材文艺作品 11618 件、微视频作品 5620 个,50 余篇抗疫题材作品在国家级和省级平台刊(播)发,刊播量位居全省前列。

典型宣传引路。统筹内外宣力量和资源,大力宣传支援湖北医疗队感人事迹。《见字如面》特别节目,创造性地以主持人深情诵读支援孝感人员家书来表达医务工作者的奉献精神和高尚情操,收到了良好的效果。积极参与全省"感动龙江"人物评选活动,地区医院南桂荣当选 2020 年

"战疫有我 感动龙江"人物。

四、铸魂育人,竖起文明兴安"风向标"

以社会主义核心价值体系建设为核心,采取有力措施,创新载体、丰富内容,大力开展道德实践、典型学习宣传和精神文明创建活动,进一步提高了林区群众文明素质和社会文明程度。

精神文明建设硕果累累。全区 7 个县(市)区全部建成新时代文明实践中心,建成率 100%,在全省率先完成全覆盖建设目标,基层所、站建成率达到 85.7%。塔河县新时代文明实践中心被列为省级试点并顺利通过省文明办验收。142 家国家级、省级文明单位、文明校园与各地新时代文明实践中心(所、站)结成共建对子。有 4 个全国文明单位、3 个全国文明村镇、1 个全国文明校园、1 个全国文明家庭、1 个全国未成年人思想道德建设先进单位获得中央文明委表彰,漠河市北极镇洛古河村作为全省唯一一家第六届全国文明村镇列入中央文明办重点宣传范围。

创建"兴安志愿"服务品牌。着力构建"1 + 6"志愿服务模式,重点开展好 17 项志愿服务活动。组建 21 类 963 个专项志愿服务分队。地区妇联心理援助志愿服务项目、加格达奇长虹街道"云飞"志愿服务队队长张云飞等 33 个志愿服务组织和个人被作为全省"五个 100"先进典型受到表彰,有 4 名先进个人荣登"龙江好人榜",1 个社区荣获"全国最美志愿服务社区"荣誉称号。

培育和践行社会主义核心价值观见成效。深入开展核心价值观"七进"活动、国防教育活动等。呼玛县扶贫专干张德娟荣获全省"最美脱贫攻坚奋斗者"称号,塔河县税务局张博文被命名为全省第六批岗位学雷锋标兵。

五、打造品牌,开启全民阅读"新风尚"

全面启动"兴安万里·阅读有你"全民阅读活动,富有成效地开展"居家读书·以读攻毒""庆祝建党 99 周年主题征文""大岭之冬阅读季"等活动,有力推动全民阅读进企业、进农村、进机关、进学校、进家庭、进社区、进军警营、进防火一线。成功举办"庆祝新中国成立71周年暨兴安万里·阅读有你诵读汇报演出",重磅推出了文学作品赏析《额尔古纳河右岸》《习近平的七年知青岁月》等精品力作,精心打造《全民阅读公益宣传片》等宣传视频,开设《好书推荐》《好书分享》《大岭阅读好榜样》等专栏,在全省叫响"兴安万里·阅读有你"全民阅读活动文化品牌。在中央宣传部、农业农村部联合举办"2020新时代乡村阅读季"活动中,地委宣传部进入全国市级前20名,荣获全国市级优秀组织奖。加格达奇区、漠河市、塔河县、呼玛县在活动中,进入全国县级前100名,荣获"全国百强县"优秀组织奖。省委常委、宣传部部长贾玉梅做出批示,要求大兴安岭地区主动探索,为全省阅读品牌建设提供更多经验。省委宣传部发出通知,号召全省学习大兴安岭地区全民阅读工作经验。

六、文化惠民,提升全民供给"幸福感"

聚焦林区人民期待,提升公共文化服务水平,扩大优质文化产品供给,让林区人民群众享有更加充实、更加丰富、更高质量的精神文化生活。

全面推进大兴安岭历史文化资源挖掘开发工程,召开专家研讨会、地区研讨推进会,赴河南洛阳、山西大同、黑河瑗珲等地调研考察,完成了目录编写大纲。开展"高高兴安岭·大美我家乡"森林歌曲征集活动,点击量超过7000余万,收到全国各地作品1200余件。文化体制改革工作全部完成,扶持6个县区局,共9个文化产业项目。《北极光》入选第二十七届北京国际图书博览会BIBF"2020中国精品期刊展"。

改革创新

守正创新　担当尽职
推动龙江网络事业持续健康发展

中共黑龙江省委网络安全和信息化委员会办公室

2020 年,全省网信系统以习近平新时代中国特色社会主义思想特别是习近平总书记关于网络强国的重要思想为指导,深入学习贯彻党的十九大和十九届二中、三中、四中、五中全会精神,全面落实省委关于网信工作的决策部署,围绕中心、服务大局,统筹推进网络内容管理、网络安全保障和信息化发展等各项工作,为龙江全面振兴全方位振兴做出了积极贡献。

担当尽职,助力打赢疫情防控阻击战。按照省委统一安排部署,选派人员进驻省疫情防控指挥部,农历正月初四全员返岗工作,启动史上最长应急响应,始终坚持 24 小时值班值守,连续高强度奋战在抗疫一线,在网上疫情防控斗争中接受了检验、经受了考验。一是营造众志成城的网上舆论氛围。全年向上级网信部门报送省级领导对网信工作重要批示、全省各级网信部门服务疫情防控工作等信息 218 篇,采用 162 篇,采用率达 74% ;建立快速审批机制,为 50 余批次、300 余个重点政务和媒体类微信公众账号临时增加推送权限,有力支持了疫情防控期间全省网上宣传和舆论引导工作。二是提供坚实可靠的网信技术支撑。组织专业技术人员 24 小时监看全省卫生健康、新闻推送等 115 个疫情防控相关网站和信息系统,对全省健康码、出行码、通行码等进行统计摸底,探索推进"大数据＋网络化"排查模式,取得了良好效果。三是锤炼忠诚担当的网信精神。始终将贯彻落实中央和省委决策部署作为贯穿始终的重大政治任务,以高度的思想自觉、政治自觉和行动自觉全力服务保障省委中心工作。在省直机关践行"工匠精神"评选活动中,省委网信办网络舆情处被评为先进集体,四名同志被评为先进处长、先进干部荣誉称号;进驻省疫情防控指挥部的一名同志荣获全省抗疫先进个人荣誉称号。

守正创新,强化网上正能量传播。一是创新宣传形式。充分发挥网信部门政治引领和专业引领作用,组织创作视频《网助龙江脱贫路》和《绥芬河阻击战一线志愿者在坚守》报道,并由中央网信办全网推送;其中《网助龙江脱贫路》在全网两条置顶推送,全国844家网站和移动端集中转发,点击量超过8000万。组织创作的MG动画视频《龙江健康码我来了》《龙江防疫有"三宝"来瞧瞧》,在网络、全省各级抗疫工作群和各市(地)大屏集中播放,得到了省领导充分肯定和社会各界广泛欢迎。二是策划主题活动。组织开展"幸福东北"网络媒体龙江行活动,邀请24家全国重点新闻网站和商业网站赴黑河深度采访,采写发布原创稿件125篇(条),有力宣传了黑龙江省作为向北开放重要窗口和第三届全省旅游产业发展大会的成果。三是设置专题专栏。疫情防控工作期间,统筹网易、搜狐、抖音、快手等各大商业网站平台,集中开设"龙江战疫"和"复工复产"专题,其中"快手"平台参与总数超过4亿,征集作品15000件,点赞超344.2万;指导东北网开设的"龙江好网民"专题,全年宣传60名好网民事迹,其中7篇被中央网信办全网转发。

强基固本,提升网络综合治理能力。一是构建完善网络综合治理体系。经省委网信委第二次会议审议,向全省印发《黑龙江省加快建立网络综合治理体系的实施意见》,制定了《黑龙江省网络综合治理联席会议工作制度》,修订完善了《互联网新闻信息服务单位意识形态管理制度》,组织召开了网络综合治理工作推进会,对全省17家取得互联网新闻信息服务许可的单位进行了"国有互联网新闻信息服务单位社会效益考核",为5家互联网新闻信息服务单位换发了许可证,完成了全省63个县级融媒体中心互联网新闻信息服务许可审批工作,实现了省委提出的2020年许可全覆盖的目标。二是全面净化网络环境。联合有关部门开展了"清朗""剑网"等26个专项整治行动,对抹黑冰雪旅游环境、破坏营商环境、扰乱网络传播秩序的新浪看点号"旅游阅世界"、腾讯新闻企鹅号"旅游笔录"等相关账号和214个链接予以删除或关闭处置;对违规发布互联网新闻信息,误导民众的"龙江信息化""龙江政事儿"等162个微信公众账号,进行主体认证、主动注销、账号更名和关闭处置。2020年,全省网信系统关闭违规网站、微博、微信、论坛、贴吧等账号300个,约谈训诫186人,行政处罚26人,行政拘留42人,有力震慑了违法违规行为、净化了网络环境。三是提升技术管网治网能力。建成了省委网信办至13个市(地)网信办、6家主要新闻网站、国家安全中心黑龙江分中心的专线,并以13个市(地)网信办为中心节点,向所辖县(市、区)网信部门辐射,全面覆盖了全省125个县(市、区)网信部门,形成可承载网信核心业务系统和数据传输的网信专网。推动黑龙江省网信系统应急指挥平台、黑龙江省网络安全态势感知和应急处置平台(二期)项目上线运行,完成了涉黑龙江省数据接入工作,实现与中央网信办数据资源同步。

综合施策,筑牢网络安全屏障。一是推进落实网络安全责任制。经报请省委同意,印发《黑龙江省网络安全工作责任制检查考核办法(试行)》,并采取自查评估与实地督查相结合、量化评分与定性评价相结合的方式,对各市(地)党委、省直各单位党组(党委)组织开展了2020年度网络安全工作责任制落实情况考核工作。制定《黑龙江省网络安全工作协调机制》,形成了会议制度、通报制度等6项工作制度,为更好落实省委关于网络安全工作的决策部署、充分发挥网信部门网络安全工作统筹协调职能提供了制度保障。二是加强网络安全保障体系建设。开展全省月度网络安全态势报告编制、发布工作,通报全省网络安全阶段性态势。以省疫情防控指挥部文件形式印发《关于做好联防联控和复工复产期间数据安全与个人信息保护工作的通知》,指导全省疫情防控中的重要数据和个人信息保护工作,发现并处置网络安全风险及事件57起。联合省卫健委开展了全省疫情防控数据安全和个人信息保护专题网络安全应急演练,有效提升了参演单位面临有组织的网络安全威胁的应对能力和发生网络安全事件后的应急处置能力。三是办好全省网络安全宣传周。通过12个联合主办部门与13个市(地)联动,以线上线下相结合的方式,组织开展了"七大线上活动"和"六个主题日活动",制作宣传视频 370 个,累计发放宣传资料 100 余万份,设置网络安全宣传展板 3600 余块,各类户外屏幕循环播放公益广告 113 万余次,发送手机短信公益广告 8370 余万条,宣传报道稿件达 1690 余件,转载量及点击量达 3254 余万次,覆盖全省 128 个县(区)、2595 余万人,形成了全民广泛参与、共筑网络安全的浓厚氛围。

创新驱动,统筹推动信息化发展。一是抓好国家数字乡村试点工作。印发《关于贯彻落实〈数字乡村发展战略纲要〉主要任务分工方案》和《2020 年数字乡村发展工作要点》,明确各项任务的牵头部门和责任部门,进一步细化工作内容和政策措施,确保各项任务落地见效。佳木斯市桦南县、绥化市望奎县、齐齐哈尔市依安县、牡丹江市西安区被评为国家数字乡村首批试点地区;哈尔滨市五常市、木兰县,牡丹江市东宁市,大庆市大同区,齐齐哈尔市泰来县,七台河市勃利县,大兴安岭地区呼玛县列为省级数字乡村试点。二是抓好公共信息资源开放和电子政务发展工作。按照省委网信委第二次会议决议,制定印发《关于建立黑龙江省电子政务工作统筹推进机制的意见》,建立全省电子政务发展规划和重大事项会商制度,有效协调各方力量解决共性、难点问题,指导推动全省各市(地)做好本地电子政务统筹工作。三是抓好大数据发展促进工作。紧密结合全省大数据发展应用的迫切需求和发展趋势,起草了《黑龙江省促进大数据应用发展条例(初稿)》,在征求了 43 个中省直相关部门及国内行业知名专家意见后,通过"网信龙江"微信公众号向社会公开征求了意见,相关立法工作已经纳入 2021 年全省立法工作计划,成为省委常委会 2021 年工作要点中重大立法事项。

高举旗帜　开创未来
谱写龙江广电事业新篇章

黑龙江省广播电视局

2020 年,省广电局认真落实省委全会和全省宣传部长会议精神,统筹推进疫情防控和行业发展,坚持高举旗帜、围绕中心、解放思想、守正创新,深入实施宣传引导、精品创作、智慧广电、安全播出、改革赋能、管理优化"六大工程",全面推进从严治党,较好地完成了各项工作任务,取得了新成绩新突破。

一、战疫宣传迅速启动,职能作用充分彰显

(一)开展疫情防控主题宣传和舆论引导工作。连续下发专项宣传提示 93 期,部署宣传任务 165 项,提出存在不足和改进要求 103 项。全省各级播出机构开设疫情防控专栏专题 1000 余个,播发稿件近 18 万条;线上播发包括视听节目在内的各类信息约 17.3 万条,点击量累计达 12 亿次。组织省市县三级播出机构并机直播省台新闻法治频道 4 档防疫特别节目,实现连续 81 天并机直播零差错。倡导各级播出机构设立疫情防控类公益广告专栏,日均播放公益广告 3000 余条(次),时长 2000 余分钟。建立"应急广播 + 村村响 + 大喇叭"的农村宣传工作机制,全省 13 个市(地)7358 个行政村的大喇叭和流动宣传车播放音频 54 万余条(次),有效发挥了宣传防控政策、普及防疫知识的作用。

(二)丰富荧屏声频播出内容。举办"众志成城 抗击疫情"网络视听作品征集展播评选活动,优秀作品在爱奇艺、人民网和省内多个平台进行了集中展播。为市、县播出机构提供优秀广播影视作品49个,时长超2万分钟,协调上级部门开放优质节目资源近500部,网络视听平台扩充万余小时节目内容,极大丰富了疫情期间群众精神文化生活。组织省台遴选28个优秀抗疫主题节目,参加总局海外展播活动,着力讲好龙江故事、抗疫故事。

(三)积极助力复工复产。强化正面宣传引导,指导各级播出机构开设经济社会发展专栏专题700余个,播发稿件7万余条(次),组织全省78家播出机构直转播省台2档科技助农节目,为恢复正常生产生活秩序营造良好舆论氛围。印发《关于统筹抓好疫情防控和广播电视行业发展重点工作的通知》《关于支持网络视听节目创作生产单位复工复产稳定发展的通知》《关于印发梳理中央和省级应对疫情财税金融支持政策清单的通知》等,促进行业健康发展。加强协调服务,为20多家在网接收境外节目的宾馆酒店减免收视费用约40万元。压缩内容审查时间,开辟审批"快车道",全力保障重点电视剧排播和重点网络影视剧备案,减轻疫情对制作机构的冲击。

(四)严细深实抓好防控。及时启动疫情防控应急预案,多渠道保障防疫物资,组织局机关和各直属单位严格落实各项疫情防控措施,全力确保351名在职人员和419名离退休人员疫情"零感染"。全局系统干部职工积极参加下沉社区工作,为抗击疫情踊跃捐款、献血,展现了广电人的大爱与担当。

二、意识形态安全稳定,阵地管理逐步向好

(一)健全完善工作制度。制定《中共黑龙江省广播电视局党组关于贯彻落实〈党委(党组)意识形态工作责任制实施办法〉的工作方案》,修订《安播中心日常监测工作方案》,面向全系统通报了今年广播电视意识形态工作情况。对各级广播电视行政部门、播出机构、传输机构的"三项制度""一个清单",逐一进行了指导反馈,督导系统各单位做好制度完善修订工作。

(二)持续防范化解风险隐患。坚持落实好意识形态工作协调会议制度,定期研判风险,召开局意识形态工作领导小组会议,研究重点问题,部署相关工作。切实推进省委巡视反馈问题整改工作。

(三)切实加强阵地管理。认真落实 2020 年度意识形态工作专项督查任务,落实落细"三审制"等各项管理制度。加大网络视听节目监管力度,开展专项监测、行业自查自纠活动 11 项,协调省通管局关停"综艺奇"网站。

三、宣传引导及时有效,主题主线宣传浓墨重彩

(一)聚焦主题主线。围绕决战脱贫攻坚、决胜全面小康等宣传主线,以龙江振兴发展的显著成效和突出成就为宣传重点,加强首页首条首屏建设,精心组织开展形式多样、内容丰富的主题主线宣传。各级播出机构统一开设"决胜全面小康""决战决胜脱贫攻坚"等专题专栏 1000 余个,播发宣传报道 10 万余条。各网络视听平台开设《决胜脱贫攻坚》《走向我们的小康生活》等多个专栏专区,累计访问量超 1600 万次。联合多部门共同举办 2020 年"脱贫攻坚奔小康"广播电视和网络视听作品征集展播活动,共征集各类节目和作品 1218 部,评出优秀作品百余部,并在黑龙江网络广播电视台、"极光新闻"、七彩云等平台进行了专题展播。与省委宣传部、省文旅厅共同举办了"携手奔小康·奋进新龙江"全省优秀公益广告评选展示活动。向总局公益广告库推荐脱贫攻坚类优秀作品4 件。

(二)坚持服务大局。建立《黑龙江省广播电视重点工作宣传沟通协调制度》,推动召开协调会议,完善重点工作宣传协调机制,组织开展主题宣传 30 项。省台头条建设、十九届五中全会宣传报道、"七一"特别报道、"六稳""六保"专题报道等,先后多次获得国家广电总局表扬。积极促进"文化强省""旅游强省"建设,策划推出《与冰共舞》《沸腾吧!冰天雪地》《爱上这座城》等新节目,取得较好播出效果。

(三)推动创新创优。主动对接总局各类评优扶持奖励项目,围绕主题主线宣传,抢抓重要时间节点,积极推荐我省优秀作品。宣传阐释新思想的理论类节目《思想的田野(第二季)》《新青年新思想》,大型脱贫公

益演讲节目《一路有你》,法制类节目《好好学习民法典》,反映中俄友谊的文化交流类节目《歌声与微笑》,记录党和国家发展历程的广播电视节目《生在 1978》《我的城市我的歌》《抗战始于"九一八"》、牡丹江台公益广告《光阴篇》等,均在总局获奖或入选扶持项目。组织开展全省广播电视公益广告扶持评审工作,对 40 个项目给予资金扶持。在总局年度公益广告扶持评审中,省局获评优秀组织机构,牡丹江台获评优秀传播机构。

四、智慧广电加快推进,公共服务提档升级

(一)促进智慧广电发展。省政府办公厅印发《黑龙江省推动智慧广电建设实施方案》,确定了五大方面 23 项具体任务和 24 个项目指导清单,并研究制定了贯彻落实的具体措施,分解任务,明确责任,全力推进智慧广电建设。完成智慧广电示范案例征集评选工作,经省局推荐,省台 5G 全息云访谈项目和黑龙江省县级融媒体中心省级技术平台入围全国生产制播类示范案例。全面盘活"北方云"大数据中心建设项目,为未来"广电云"和集客业务发展奠定基础。

(二)推动广电 5G 建设。积极与华为等业内领军企业对接交流,在广电 5G、智慧广电建设等方面达成合作意向。黑龙江智慧广电网络升级改造项目,省发改委已经批复同意立项。有序推进全省地面数字电视700 兆赫频率迁移工作,全省 316 部中央节目模拟发射机、64 部地方节目模拟发射机已全部关停,为广电 5G 建设提供必要的频率保障。

(三)加快应急广播建设。指导省台完成省级应急广播平台一期工程建设,平台已通过验收并正式启动,实现与国家应急广播平台、省应急指挥平台、部分市县应急广播平台上下贯通、信息联动。23 家省直单位共同组建了省应急信息共享联盟。牡丹江启动了市级应急广播二期工程建设,伊春完成市级应急广播平台建设。绥化市海伦市应急广播系统建成,标志着我省 3 个深度贫困县应急广播建设任务全部完成。完成同江市、抚远市、绥滨县、饶河县 4 个边境县 286 个行政村大喇叭终端验收工作。

(四)提高综合覆盖水平。组织开展"两江"及沿边、省界地区无线广播电视信号收测工作。落实中央资金1450万元,实施年度基础设施项目10个,各项目已全部开工建设。积极推进无线覆盖工作,下达中央节目无线覆盖资金11656万元,下达省台节目无线覆盖资金3000万元。调配近8000套户户通设备,解决老旧小片网和农村地区居民看不好电视问题。完成20.6万户直播卫星"户户通"工程省级整体验收工作。在已实现贫困村广播电视全覆盖的基础上,对覆盖和收视情况进行再核查,加强动态监测,持续提高覆盖质量。省局514台荣获"第八届全国服务农民、服务基层文化建设基层广播电视传输覆盖机构先进集体"称号。与省住建厅联合出台《关于加强有线电视网络配套工程管理的通知》,加快有线数字电视入网进程。

五、安全播出平稳有序,保障能力巩固提升

(一)圆满完成安全播出保障任务。建立并落实《黑龙江省广播电视重大播出工作安全保障制度》,组织全省各级安全播出责任单位落实落细各项措施,全力做好值班值守、技术保障、应急处置和监听监看等工作,圆满完成疫情期间及6个重保期、9个重要活动的安全播出保障工作,获得了国家广电总局的通报表扬,并在总局安全保障工作电视电话会议上做典型发言。

(二)保证设施设备安全运行。对5G基站干扰协调业务进行系统培训,更新广播电视卫星接收站"一表一单",累计完成全省114面卫星接收天线的防干扰技术改造,切实保障广播电视C频段卫星频率使用安全。及时调整安全播出指挥部和安委会成员,积极应对夏秋台风、冬季暴雪等极端天气,确保广播电视播出安全及设施安全。对安全播出大检查中发现的问题建立整改台账,实行销号管理,有效排除化解安全生产风险隐患。

(三)提升科技支撑保障能力。多方考察调研、对接交流,了解梳理监测监管新需求、新技术,落实资金500万元,积极推动技术监管平台建设。组织开展科技创新奖征集评定工作,制定了《黑龙江省广播电视局科技工程项目管理办法(试行)》。注重科技人才培养,组建广播电视科技人才专家库,举办监测监管、有线网络、网络安全 3 个专业技术能手竞赛,省局 904 台陈介祥同志获评享受省政府特殊津贴的专业技术人才。

六、改革赋能激发动力,媒体融合步伐加快

(一)推进重点任务落地见效。按照"全国一网"统一部署,积极推进有线电视网络整合工作,黑龙江广电网络集团以发起人身份正式加入中国广电网络公司。组织协调局、台、网相关单位完成"十四五"规划重点项目报送工作,报送我省"十四五"时期广播电视重点项目 22 个,并积极争取将部分重点项目纳入全省"十四五"规划中。与广东省、吉林省广电局签订对口合作协议,深入开展交流合作。邀请吉林局来我省考察交流,在纪录片拍摄、省界信号收测、人才信息共建共享、联合参与国际国内节展等方面达成合作共识。

(二)支持制作机构发展壮大。制定《关于扶持民营广播电视节目制作经营机构发展的意见》,采取优化准入审批、加强跟踪服务、引导创作生产等方式,进一步营造良好发展环境。今年新批准设立制作机构 52 家,全省广播电视制作机构增至 215 家。对全省广播电视制作经营机构实施动态管理,择优确定 15 家重点制作机构,给予支持关注、培训指导。

(三)推动媒体融合发展。参与"县级融媒体中心规范化建设"实地考察和验收工作,我省 63 个县(市)融媒体中心全部通过验收。指导推动 65 个市、县播出机构和融媒体中心接入省级融媒体平台,并打造了 1 个市级(鹤岗)、1 个行业(森工)及 67 个县级 app 新闻客户端。组织开展 2020 年全国广电媒体融合先导单位、典型案例、成长项目征集和评选工作,并形成《2020 年黑龙江省广播电视媒体融合典型材料选编》,印发全省予以推广。举办全省县级融媒挂职培训活动,2 批 50 人到省台挂职学习,有效提升县级融媒工作技能。

(四)加快高清制播能力建设。目前,全省已有 8 个电视频道实现高标清同播。省台逐步实现采编播全流程高清化,并稳妥推进 4K 超高清发展。同时,积极协调利用政府债券推进市、县高清电视频道建设,共有 9 个市(地)和 17 个县申请地方政府债券 3 亿元,并纳入了政府债券项目库。

七、管理优化持续加强,依法行政全面落实

(一)提升政务服务能力。建立领导干部"走流程"常态化工作机制,成立作风整顿优化营商环境工作领导小组,制定重点工作任务台账,分解重点任务 14 项,细化具体措施 33 条。组织省局相关处室赴广东局考察调研,积极借鉴广东省先进经验,对 27 项政务服务事项全面推行"网上办",全部实现"零跑动"。推进政务服务事项标准化建设,指导形成市、县级广播电视行政权力事项目录清单。研究提出赋予自由贸易试验区各片区 11 项行政权力意见。

(二)做好下放事项承接工作。制定了行政许可核发工作方案,举办了全省市(地)和县级新闻单位相关行政许可核发管理工作培训班,全面优化审批流程,在最短时间内完成了 63 家县级广播电视台变更台名和 65 家县级播出机构开办综合频率、66 家县级播出机构开办综合频道的审批,全面完成全省 63 家县级融媒体中心的网络视听节目许可证的发证工作,市(地)级 8 家广播电视台及 6 家报社同时获发许可证,我省成为全国第一家完成总局审批任务的省份。

(三)健全长效监管机制。完善行政执法制度体系,制定"三项制度"的配套制度 8 项。有序开展公平竞争审查工作,对涉及市场主体经济活动的政策措施进行清理,共废止阶段性政策措施 113 件。围绕"双随机、一公开"监管工作举办专题培训,全省广电系统 300 余人参加培训。结合监管工作实际,制定印发《关于进一步规范网络视听节目行业管理的通知》《关于进一步加强广播电视频道频率管理的通知》《关于加强有线电视"小片网"管理的通知》。

(四)规范行业发展秩序。通过常规监测与专项监测相结合的方式,对各级行业单位实施有效监管,组织完成 14 个违规频率的整改工作,纠正了 15 个县级台台标使用不规范问题。在全省开展整治非法安装使用卫星电视广播地面接收设施专项行动,累计拆除非法接收设施 37900 件(含自行拆除 31139 件),有效维护正常收视秩序。全年查处"黑广播"案

件 50 起。

八、加强党的建设,推进全面从严治党向纵深发展

(一)旗帜鲜明讲政治。始终牢记广电部门的政治属性,坚持第一时间学习、传达、贯彻、落实习近平总书记重要讲话精神和中央、省委决策部署,进一步树牢"四个意识",坚定"四个自信",坚决做到"两个维护"。

(二)强化理论武装。坚持用习近平新时代中国特色社会主义思想武装头脑、指导实践,认真学习党的十九届五中全会及省委十二届八次全会精神,突出领导干部和年轻干部两个重点,积极开展党性教育和机关文化建设,扎实开展"三重温""广电人心心向党"等主题党日活动。打造"广电业务大讲堂"常态化学习培训平台,"四力"教育实践活动收到良好成效。

(三)夯实党建基层基础。大力实施党支部标准化规范化建设三年攻坚行动,围绕"四强六规范"目标,加大集中攻坚、监督检查力度,切实提升党支部标准化规范化水平。7 个党支部被省直机关工委评为先进。加强干部人才队伍建设,配齐配强局属事业单位领导班子,广电行业人才库建设基本完成。老干部、群团工作及精神文明创建取得长足进步。

(四)坚持全面从严治党。认真落实"三会一课""五个到支部"要求,进一步严肃党内政治生活和组织生活。明确"三级四岗"责任,建立健全"一单三表"和风险排查防控机制,充分运用监督执纪"四种形态",驰而不息正风肃纪。持续深化作风建设,落实"五细"工作要求,大力倡导"工匠精神","三治""五整治"专项行动取得实效。

运用全媒理念守正创新
推动伟大思想落地生根

黑龙江广播电视台

马克思主义是我们立党立国的根本指导思想,是指引中国穿破黑暗、迎来光明、创造辉煌的指路明灯。习近平新时代中国特色社会主义思想这一伟大思想蕴含着深刻的道理、学理、哲理,是引领中国、影响世界的当代中国马克思主义、21 世纪马克思主义,是新时代中国共产党的思想旗帜和精神旗帜。《习近平谈治国理政》第三卷连同第一、二卷,集中反映了党的创新理论的科学体系、发展脉络、主要内容,是学习习近平新时代中国特色社会主义思想最权威、最系统、最鲜活的原著原典。黑龙江广播电视台在黑龙江省委宣传部领导下,把学习《习近平谈治国理政》第三卷作为一项长期的重大政治任务牢牢抓在手上、落到实处,把握全媒体时代党的创新理论学习宣传趋势特征,策划开展《习近平谈治国理政》第三卷大型全媒学习宣传活动,持续释放立体化传播效应,推动习近平新时代中国特色社会主义思想在龙江大地落地生根,汇聚起全面振兴全方位振兴的精神动力和实践伟力。

一是党政指导与媒体引导相结合,创新活动模式,增强引领性。面对国内国际发展新形势、意识形态领域新态势、信息化发展新趋势,必须切实找准切入点和着力点,把党的创新理论学习好、宣传好、阐释好,才能更好地发挥强信心、聚民心、暖人心、筑同心的积极作用,为中华民族伟大复兴提供坚强思想保证和强大精神力量。对于党的创新理论的学习宣传阐释,有关部门有要求、党员干部有需求、新闻媒体有探求、专家学者有研求。黑龙江广播电视台在黑龙江省委宣传部指导下,统筹把握"四求",探索理论学习宣传阐释的新载体、新模式、新路径,引导全省广大党员干部变"要我学"为"我要学",不断增强学习宣传贯彻习近平新时代中国特色社会主义思想的高度政治自觉、思想自觉和行动自觉。发挥党政机关组织领导、统筹协调和党媒党网统一思想、凝聚力量的优势作用,调动社科理论专家资源,构建形成理论学习宣传"大网格"。以黑龙江广播电视台频率、频道及全新打造的自有客户端极光新闻为主要平台,深入开展《习近平谈治国理政》第三卷大型全媒学习宣传活动,集中专家资源和传播优势,涵盖原原本本学、专家阐释学、结合实践学、互动交流学等多种方式,形成学习宣传阐释习近平新时代中国特色社会主义思想的集成效应,营造出"尚学之气满龙江"的生动局面。活动分为启动推广、全面学习、检验效果三个阶段进行,于9月25日习近平总书记考察黑龙江两周年之际举行启动仪式,一直持续到2021年1月末。

二是传统媒体与新型媒体相结合,构建学习矩阵,增强传播性。从传统媒体时代到全媒体时代,传播渠道越发多元多样,加强党的创新理论学习宣传阐释亟须创新传播手段、丰富传播形态,并且注重突出视觉化呈现和形象化表达,才能更加有效地推动伟大思想往深里走、往心里走、往实里走。黑龙江广播电视台充分运用移动多媒体等新技术手段拓宽学习阵地、构建学习矩阵,推动理论学习从静态向动态、从一维向多维、从纸端向指端转变。在传统媒体方面,黑龙江卫视在"920时段"推出全媒体理论学习分享节目《一起学习》,黑龙江卫视《新闻联播》、新闻法治频道、新闻广播推出大型理论实践访谈节目《好好学习》;在新型媒体方面,黑龙江广播电视台"极光新闻"客户端开设"学习"频道,设置《党员诵读》《一起学习》《引经据典》《学习书单》《学习快评》《学习问答》六大版块。其中,《一起学习》版块作为电视栏目和节目观摩平台,推送电视台专题节目《好好学习》《一起学习》的完整视频和剪辑视频;《引经据典》《学习书单》《学习快评》三个版块,集纳习近平总书记重要讲话用典、引文书单以及中央权威媒体对总书记重要讲话、重要活动的解读评论等;《学习问答》版块,根据《习近平谈治国理政》第三卷原著设计问题,通过答题方式检验党员干部学习效果。两档节目、一个频道共同发力,形成全媒学习宣传矩阵,灵活采用多种形式,制作推出一批有思想、接天线,有创新、接地气的高质量全媒学习产品,切实增强了理论学习宣传教育的针对性和大众化。

三是机制推动与交流互动相结合,提升受众体验,增强参与性。以便捷、参与、用户体验等为特征的互联网思维,是媒体理念方法创新的地平线,新时代全媒体理念正是在这样的背景下应运而生的。在信息爆炸的今天,推动党的创新理论学习不仅要注重读原著、学原文、悟原理,还要在"读、学、悟"的方式方法上下功夫,切实增强学习宣传阐释伟大思想的互动性、体验性和吸引力。黑龙江广播电视台契合全媒体时代受众的兴趣和体验习惯,通过强化督导问效、提升用户体验、加强活动互动等多种方式,积极引导党员干部主动参与、深学细研。依托"极光新闻"客户端"学习"频道《党员诵读》版块,开展"全省百万党员读《习近平谈治国理政》第三卷"活动,广泛组织省直机关、13 个市(地)、81 所高校的 100 余万名党员干部、入党积极分子更加方便、更有趣味地学思践悟。将《习近平谈治国理政》第三卷原著章节分为 104 段,邀请黑龙江广播电视台播音主持功底最好的 30 位主持人,在认真学习领会习近平总书记报告、讲话等原文的基础上,有感情地录制诵读音频,吸引党员干部收听学习;设置"我要诵读"功能,供党员干部录制个人诵读作品,并在"我的小站"中进行保存;设置"搜索"功能,党员干部可以快速找到自己想要重点学习的内容。活动以网上注册学习"参与率",学习互动答题"优胜率",知行合一、学以致用实践"转化率"为主要指标,全面检验考核党员干部学习成效,在全省形成比学赶超的良好风尚。省内外参与互动学习的党员干部人数达到119.3 万人,阅读量超过 2 亿次,推动了伟大思想的学习和传播。

四是理论深化与实践转化相结合,指导龙江发展,增强实效性。理论联系实际是我党的优良学风,思想的生命力在于实践。学习宣传阐释习近平新时代中国特色社会主义思想,根本目的在于指导实践,以更宽广的视野审视新思想深入人心、落地生根的现实基础和实践需要,以更睿智的头脑思考和把握振兴发展的系列重大战略问题。黑龙江广播电视台充分发挥媒体职责,注重理论联系实际、指导实践,通过《一切学习》《好好学习》两档节目,切实加强对习近平新时代中国特色社会主义思想蕴含的科学方法的研究阐释,增强指导龙江振兴发展的科学引导力。理论学习分享节目《一起学习》,累计制作播出 6 集,邀请国内顶级专家和全国各地典型人物,从五位一体、脱贫攻坚等 6 个层面,通过典型事例分享、权威解读,系统阐释《习近平谈治国理政》第三卷的时代背景、重大意义、科学内涵、精神实质和实践要求,加深党员干部对伟大思想的理解和把握;大型理论实践访谈节目《好好学习》,以"学进去、讲出来、做起来"为主题,构建"学习小组"交流场景,邀请全省各厅局、各系统负责同志结合工作实际进行互动研讨,切实提高党员干部运用科学理论解决龙江实际问题、推动全面振兴全方位振兴的能力。节目紧紧依靠习近平新时代中国特色社会主义思想中蕴含的科学思想方法和工作方法,分别从确保国家粮食安全,人民至上、生命至上,弘扬法治服务民生等方面分析总结龙江振兴发展中的优势、潜力、成就,以及存在的问题困难,并有针对性地提出解决良方。节目播出后广受好评,社会反响越发强烈,营造了奋进新时代、振兴黑龙江的浓厚氛围。

抢抓机遇　狠抓落实
扎实推进一流地方社科院建设

黑龙江省社会科学院

2020 年,省社科院坚持以习近平新时代中国特色社会主义思想为指导,深入贯彻党的十九大和十九届二中、三中、四中、五中全会精神,省委十二届五次、六次、七次、八次全会精神,扎实推进一流地方社科院建设,全院工作取得了丰硕成果。

一、政治建设得到持续加强

突出政治性,坚持高标准,持续加强理论武装工作。一体推进习近平新时代中国特色社会主义思想,习近平总书记关于我省的重要讲话、重要指示批示精神,《习近平谈治国理政》第三卷,党的十九届五中全会和省委十二届八次全会精神学习贯彻工作。全年开展党组理论学习中心组学习,举办社科大讲堂、宣讲报告会、专题读书班等集中学习 20 余次;开展了"读书成长季"、青年理论学习小组学习交流、研究生网络"微课堂"等多种形式、多种载体的学习活动,保持了政治学习的高密度、高质量、全覆盖,提升了干部职工增强"四个意识",坚定"四个自信",做到"两个维护"的理论自觉、实践自觉和行动自觉。始终把意识形态工作作为全院工作的重中之重,调整充实院意识形态工作领导小组,推动意识形态工作责任制落实到岗到人。突出抓学术交流、课题研究、媒体采访、研究生教育教学、期刊阵地、自媒体平台的意识形态管理;及时有效化解各类意识形态风险隐患,常态化开展意识形态教育,对不当行为、不当言论严肃批评教育,全院干部职工意识形态阵地意识不断增强。利用各类对外交流平台,强化主流意识形态的话语引领力,有效发挥了意识形态阵地作用。

二、综合实力得到持续提升

在2019年和2020年全国地方社科院综合评价中,黑龙江省社科院以较高的学术影响力、决策影响力、社会影响力和国际影响力,连续两年在地方社科院中名列第八名。重点专业智库居全省首位。在2020年度省级重点培育智库考核中,省社科院东北亚战略研究院获得优秀,并晋级为"省级高端智库",成为我省第一批5家省级高端智库之一;地方治理与社会发展研究院获得良好评级;获批组建"中俄区域合作战略研究院",并增设为省级重点培育智库,使省社科院成为省内拥有省级高端智库和重点培育智库数量最多的科研机构。优秀科研成果显著提升。立项各级各类课题86项、结项88项(智库办),出版著作9部,发表论文、译文186篇,研究报告、对策建议276篇,获各类成果奖项108项。2020年全院通过各种载体报送智库成果95项,获得省级以上领导批示27项,其中中央领导批示1项,省委主要领导批示9项,为近8年最高。黑龙江历史文化研究工程压茬推进、滚动发展,立项4项,结项18项,资助出版3项,资助出版8部。国家社科基金项目和省社科研究规划项目结项68项,结项等级"良好"以上占56%。获省十九届社会科学优秀成果奖32项,获奖率57%,较上届(2018年)增长19%。办刊办学品牌更加突出。院办学术期刊围绕构建新时代中国特色哲学社会科学话语体系,深化习近平新时代中国特色社会主义思想的学理阐释和学术建构,得到省委宣传部表扬,获学术界好评。《学习与探索》再次获国家社科基金资助期刊年度考核"优秀"等级,获第二届黑龙江省出版奖优秀期刊奖。研究生教育围绕建设培育时代新人的人才基地,严把教学方向,强化教学督导,提升教学质量,落实国家奖学金政策,圆满完成年度招生计划,实现了优化生源、满额录取、全专业覆盖的目标要求。

三、智库作用持续增强

在重大理论宣传阐释中发挥了社科院的优势作用。主动策划、主动开展、主动参与全省重大理论宣讲工作。专家学者在党报党刊、主流媒体发表理论文章 75 篇,接受媒体采访 36 人次;在解读阐释中央和省委全会、全国和全省两会精神,学习宣传《习近平谈治国理政》第三卷,宣传宣讲《民法典》中发挥了省社科院的学术优势、理论优势、期刊平台优势。在助力振兴发展中体现了社科院的担当作为。对接省委政研室、省政府研究室、省发改委、省民委等省直部门开展联合攻关,围绕"十四五"期间我省新型城镇化建设、5G 产业发展、优化营商环境、编制兴边富民规划、推动装备制造业高端发展等全局性战略性问题开展对策研究,一批成果得到批示转化。与省企联共同主办第三届龙江振兴发展论坛,与中国社会科学院农村发展研究所联合主办"后小康社会农业农村发展研讨会"等系列学术会议,著名经济学家王一鸣、全国人大农业和农村工作委员会副主任委员刘振伟等高层次专家出席会议,为龙江振兴发展建言献策,凸显了社科院的智库作用。在统筹疫情防控和经济社会发展中贡献了社科院的智慧力量。对上报送相关对策建议 33 篇,《我省应密切关注和妥善应对韩日新冠肺炎疫情》等对策建议,直接服务全省疫情防控工作;《疫情对我省企业的影响》《我省利用大数据"精准防疫有序复工"的对策建议》等研究成果,为降低疫情影响,促进我省经济社会发展贡献了专家学者智慧,得到省领导批示转化。专家学者在主流媒体刊发理论文章 26 篇,营造了坚决打赢疫情防控阻击战的理论氛围、舆论氛围。协同创新取得丰硕成果。圆满完成国情调研黑龙江基地第二个 5 年建设任务,得到了中国社科院的充分肯定。与中国社科院边疆所合作共建,共同开展了为期五年的"龙江振兴发展研究"系列项目,出版智库报告 5 部,联办全国边疆发展论坛 2 次,参与出版《中国边疆发展蓝皮书》2 部,创建了中国社科院边疆所与沿边 9 省区地方社科院的"1+9"智库联盟合作机制。与中国社科院数量经济与技术经济研究所合作,就我省经济发展模型预测、高质量发展大数据政策模拟等进行联合攻关;与中国社科院社会学所合作,完成"精准扶贫精准脱贫百村调查"特大国情调研项目,两部专著作为中国社科院创新工程首批优秀成果发布。

四、自身建设持续加强

具有社科院特点的党建工作得到持续加强。依托院中特中心等学习研究平台,理论优势持续转化为党建优势;依托党建联席会议工作机制,党建工作合力得到持续加强。2020 年,开展全院性党建活动 10 余次、支部活动和主题党日 200 余场次。在省直机关年度党建考核中,综合得分96.84 分,再次获得最高评定等次;获"省直机关基层党建三年提升工程优秀党支部、优秀党支部书记"称号 11 个。在疫情防控的关键时期,全院党员捐款 6.6 万余元,6 名党员下沉到社区,1 名党员到村担任第一书记,3 名扶贫队员坚守驻村一线,党员先锋模范作用得到了检验。队伍建设得到持续加强。着力培养年轻干部,制定《加快培养选拔优秀年轻干部工作方案》,提前在重要岗位上压担子,在重要工作中练本领,一批年轻干部得到了锻炼成长。着力加强和改进人才工作,鼓励青年人才访学进修、在职攻读博士学位、进入博士后工作站;在创新工程中设立"优秀科研骨干岗"和"科研骨干岗",激励出成果、出人才,全年产生优秀科研骨干 2 人、科研骨干 18 人,其中中级职称和 40 岁以下专业技术人员占 1/3。着力培养推荐高端人才,新增国务院政府特殊津贴专家 1 人,5 人当选为省法学会理事,1 人当选中国社会学会副会长,成为我省首位中国社会学会副会长。全面从严治党得到持续加强。落实省委作风整顿部署要求,制定智库"六个一"调研方案,持续开展增强"四力"教育实践、"百名专家下基层"省情调研等系列活动,设立省情调研和研究生教学实践延寿基地,专家学者多批次深入基层开展调查研究,多人次深入明水县扶贫点现场调研,帮助巩固深化脱贫攻坚成果。《扭转我省人才流失状况的政策创新研究》《清代黑龙江驿路文化资源保护与利用》等一批调研成果得到批示转化。常态化抓"三率""五细""五整治",取得较好成效。2020 年,省社科院获评省直机关践行"工匠精神"先进集体 3 个、先进处长 5 人、先进干部 15 人,全院作风学风文风得到持续改进。着力推进不敢腐、不能腐、不想腐的制度机制建设,主动接受驻检组监督指导,定期会商全面从严治党工作,落实主体责任、监督责任、第一责任和"一岗双责",压紧压实党风廉政建设责任链条。新建和修订了《院预算项目事前绩效评估管理实施细则》《院工会经费支出暂行规定》等一批制度。牢牢把握巡视的政治要求,主动剖析检视问题,出方案、落任务,边巡视、边整改,3 个问题得到立行立改,整章建制工作同步跟进,整改工作初见成效。

高举旗帜　砥砺前行
扎实推动黑龙江文学繁荣发展

黑龙江省作家协会

2020年,省作协深入学习贯彻习近平新时代中国特色社会主义思想和党的十九大和十九届二中、三中、四中、五中全会精神,以习近平总书记关于文艺工作的重要论述为指导,认真履行职能,积极开拓创新,文学创作成果喜人,文学活动丰富多彩,阵地建设进展顺利,作家队伍不断壮大,工作水平稳步提升,尤其是努力克服疫情带来的不利影响,组织作家和文学爱好者歌颂抗疫先进事迹,彰显了龙江作家的使命与担当,为全省人民共克时艰、夺取抗疫斗争全面胜利做出文学贡献。

(一)强化政治引领,夯实根基提能力

一是加强理论武装。及时传达学习党的十九届五中全会精神、全国两会和省委十二届七次、八次全会精神,2020年全年党组理论学习中心组学习12次48项内容。二是完成换届工作。召开黑龙江省作家协会第七次代表大会,省委书记张庆伟、中国作协副主席吉狄马加出席开幕式并讲话。大会对六代会以来省作协省文学工作进行了总结,对今后五年的工作进行了安排部署,选举产生新一届作协领导机构。三是落实主体责任。严格落实意识形态工作责任制,将意识形态工作与作协业务工作同部署、同推进,全年组织召开意识形态研判会4次。召开第三次省作协机关党委换届大会,选举产生新一届省作协机关委员会和纪律检查委员会成员。

（二）发挥自身优势，疫情防控聚合力

一是强化组织领导。成立省作协疫情防控领导小组，制定《省作协疫情防控工作方案》。召开视频会议学习贯彻落实中央和省委关于防疫工作的决策和部署，在人员少、任务重的情况下，组织 5 名党员干部下沉社区开展疫情防控工作。二是开展专题创作。向全省作家发出倡议书，组织开展抗疫主题文学创作，共创作 5000 余篇防疫主题优秀文学作品。在《黑龙江日报》推出 10 期"黑龙江文艺家挥写战'疫'篇章"融媒专版，迟子建的《春花依然盛开》率先在"抗疫专号"发表。广大作家、文学爱好者累计创作 3100 余篇防疫主题优秀文学作品。在黑龙江作家网推出 18 期"以笔为剑"——黑龙江作家抗击疫情文学作品选，刊发优秀文学作品 400 余篇。出版《黑龙江作家》抗疫作品专刊，集中刊发抗疫文学作品 40 余篇。开展"强信心、暖人心、聚民心"疫情防控题材征文活动，组织评选征文 2100 多篇，评出获奖作品 100 余篇。三是组织抗疫募捐。向全省作家发出募捐倡议，组织机关和事业单位干部职工开展两次捐款献爱心活动，捐款共计 35800 元，分别转交省红十字会、省直机关工委。会员作家累计捐款 42368 元，哈尔滨网络作家群体为市血液病肿瘤研究所捐赠 13000 只医用手套。

（三）加强创作引导，精品生产展实力

一是创作精品力作。据不完全统计，2020 年全省共出版 83 部作品。其中，长篇小说 17 部，其他体裁 66 部。全年报刊及网络发表各体裁作品共 814 篇。创作电影、电视剧 3 部，黑龙江省作家、作品获各类文学奖项及征文奖共计 200 余项。其中，迟子建的中篇小说《候鸟的勇敢》荣获"第六届郁达夫小说奖"中篇小说奖，迟子建荣获"第五届林斤澜短篇小说奖"杰出短篇小说作家奖，迟子建长篇小说《烟火漫卷》荣登中国小说学会 2020 年度长篇小说排行榜、第五届长篇小说年度金榜（2020）、2020 收获文学榜·长篇小说榜、文学报 2020 年度好书榜，被评为 2020 年亚洲十大小说，人民文学出版社 2020 年"20 大好书"。格日勒其木格·黑鹤的作品《鄂温克的驼鹿》荣获"第三届图画书时代奖"银奖和伊索奖（美国），韦健玮荣获"全国文学报刊联盟优秀编辑奖·资深文学编辑"，李琦荣获第三届草堂诗歌奖"年度诗人大奖",何凯旋的中篇小说《兴凯湖》获首届大益文学双年奖·最佳小说奖,赵亚东荣获"2020 华语诗歌实力诗人奖",杨知寒的短篇小说《大寺终年无雪》、沐清雨的长篇小说《无二无别》分别荣登小说学会 2020 年度短篇小说排行榜和网络小说排行榜,秦萤亮的科幻小说《百万个明天》荣获第五届《儿童文学》"金近奖",震旮的诗歌《北碚:人间秋池(组诗)》荣获首届"巴山夜雨诗歌奖"三等奖。二是加大扶持力度。完成中国作协各类重点作品扶持项目推荐工作,张雅文的《为你而生——刘永坦传》、董岐山《冲天》、吴志超《月满长街》、侯波《雪猎》等作品入围中国作协扶持项目。完成省作协重点作品扶持工作,围绕全面建成小康社会、庆祝建党百年等主题,王左泓《最美的遇见》等 8 部作品获得扶持,经报省委宣传部批准,确定王鸿达《父亲的入党申请》等 6 部作品入选黑龙江省庆祝建党百年重点创作项目。此外,还有 19 部作品纳入《全省优秀文艺作品创作生产三年行动计划(2020—2022 年)》。三是开展主题研讨。组织省内著名评论家、作家召开反映一重集团改革发展的报告文学《而今迈步从头越》作品研讨会。召开脱贫攻坚和乡村振兴主题创作研讨会,推动相关作品创作生产。四是出版精品丛书。编辑出版第五辑《野草莓丛书》,邀请 5 位评论家为第五辑"野草莓"撰写评论文章。五是组织征文活动。完成"打赢脱贫攻坚战、全面建成小康社会"主题征文评审工作,收到征文作品 198 篇,评出获奖作品60 篇。

(四)打牢基础根基,阵地建管添动力

一是场馆建设稳步推进。黑龙江文学馆展陈设计招标和装饰布展招标工作全部完成,已进入施工阶段;修订校正展陈大纲,对藏品等级予以分类,已完成展陈 68 位重点作家资料征集、整理工作;征集到萧军萧红的书信、萧军手稿;王蒙为黑龙江文学馆题字;通过事业单位招考引进人才9 名,遴选聘用解说员 2 人。二是监督管理日趋规范。做好会刊《黑龙江作家》编辑出版工作,全年编辑印发 2 期。强化黑龙江作家网的内容建设和日常监管,全年发布稿件 100 余篇。三是深度宣推成效显著。在《文艺报》、中国作家网、中国作协《文学工作信息》、《黑龙江日报》、黑龙江宣传等国家级、省级主流媒体平台发表宣推本土作家和龙江文学的新闻稿件50余篇。

（五）锤炼过硬本领，队伍建设增活力

一是组织集中学习。举办新会员、新兴文学群体及基层文学工作者深入学习贯彻党的十九大精神和习近平新时代中国特色社会主义思想学习班，200余人以网络直播授课的形式参加学习。通过线下讲座、线上同步直播相结合的方式，组织广大作家、文学工作者和党员干部集中学习《习近平谈治国理政》第三卷，各团体会员负责人及省作协会员200余人参加学习。二是组织文学评奖。开展第一届"黑龙江省文学艺术英华奖"评奖活动，萧红文学奖作为子奖项同时启动，包铁军、杨艾琳、林晗、曹立光、闫美娜5位作家获奖。三是强化会员服务。2020年向中国作协推荐新会员53人，通过18人，通过率达到34%。全年共发展省作协新会员90名。根据《黑龙江省作家协会章程》，制定《黑龙江省作家协会会费管理办法（试行）》。

（六）延伸服务手臂，面向基层强"四力"

一是开展业务培训。举办第二十届中青年作家培训班，来自全省各地的38位中青年作家参加了学习。与黑河市作协联合举办"黑龙江文学院嫩江中青年骨干作家培训班"。在嫩江举办面向基层文学爱好者的文学大讲堂。参加中国作协全国基层作协负责人著作权保护培训、新兴领域青年大学习暨全国青年网络作家"青社学堂"专题培训、网络作家在线培训。二是组织采风创作。开展"决胜全面小康 决战脱贫攻坚"调研采风活动，组织10名黑龙江省乡村题材创作的实力派作家深入甘南县兴十四村、山湾村，富裕县小河东村，友谊乡五家子村等地深入调研采访。先后在黑河市及嫩江市开展以"迎接建党一百周年边疆地区民族发展新风貌"为主题的采风、共建活动。组织作家参加中国作协2020"中国一日·美好小康——中国作家在行动"全国作家联动大型文学主题实践活动。三是加强调研工作。就黑龙江省基层网络文学组织情况、齐齐哈尔文学作品影视转化情况分别进行专题调研，形成调研报告报送省委宣传部。对各专委会情况进行摸底调查，为各专委会换届奠定基础。

高举旗帜　凝心聚力　奋力谱写龙江哲学社会科学事业发展新篇章

黑龙江省社会科学界联合会

2020年,省社科联在省委的坚强领导和省委宣传部的有力指导下,团结和带领全省社科组织和广大社科工作者,以习近平新时代中国特色社会主义思想为指导,深入贯彻党的十九届五中全会和省委十二届八次全会精神,全面落实中央、省委关于加快构建中国特色哲学社会科学的部署,自觉担负"举旗帜、聚民心、育新人、兴文化、展形象"的使命任务,紧紧围绕"学讲话、谋振兴"工作主线,积极履行"四服务一加强"职责任务,力克疫情影响,抓好主责主业,助力振兴发展大局,主动担当作为,各项工作稳中有进、成效显著,实现了"十三五"的圆满收官,为繁荣发展哲学社会科学事业,推动龙江振兴发展贡献了智慧和力量。

一、坚持守正创新,深化理论武装,持续提升思想引领力

把党的政治建设摆在首位,牢固树立"四个意识"、坚定"四个自信"、做到"两个维护"。一是坚持不懈以习近平新时代中国特色社会主义思想强化理论武装。全年开展10次中心组学习,党组成员、厅级领导撰写心得体会、理论文章20余篇。二是持续推进党的创新理论的学习研究和宣传阐释,引领社科工作者听党话、跟党走。与省委宣传部联合召开"学习贯彻党的十九届五中全会精神推进龙江全面振兴全方位振兴"座谈会,在全系统部署学习《习近平谈治国理政》第三卷、总书记东北振兴重要讲话和考察龙江重要指示、全国两会精神、《民法典》、党的十九届五中

全会和省委十二届七次、八次全会精神。专注学习宣传、研究阐释相互支撑、相互促进,各种平台和资源统筹运用、一体推进,推出了一批理论研究成果、课题研究成果、咨政建议成果、研讨交流品牌活动、系列科普专题讲座和期刊专栏文章,把理论武装不断引向深入。"龙江讲坛"在线推出"学两会·话民生"、《民法典》、《习近平谈治国理政》第三卷、十九届五中全会精神系列 9 场报告会,累计听众 32 万人次、100 余家中省直单位参与,听众覆盖全省 13 个市(地),首场讲座受众逾 20 万人。三是加强理论阵地建设。坚持问题导向,规范出版活动。编辑出版中文核心学术期刊《学术交流》12 期和学术期刊《知与行》6 期。《学术交流》刊发文章218 篇,平台收稿 6112 篇,编辑文字近 332 万字,约请知名学者稿件 80篇,较上年提升 5%。《知与行》刊发文章 143 篇,平台收稿 486 篇,编辑文字近 170 万字。建立和完善了出版流程和制度规范,重点在建立和完善"一个平台""四项制度"上聚焦发力。完善了稿件受理平台,建立绿色通道;制定完善了"三审制度"、阅评(审读)制度、互校制度和工作流程,强化了主编负责制和编委会工作规程,起到了把方向、提质量作用。四是用学术讲好政治,用理论引导舆论,生动具体地传播主流价值观。2020 年宣传工作力度之大、成效之好前所未有,下沉"抗疫"、讲坛活动、咨政服务、人才培训等工作或入选全省宣传思想文化系统工作"十大亮点",或多次在"学习强国"学习平台、《中国日报》(中英文版)、《中国科技日报》、《黑龙江日报》、黑龙江宣传公众号、人民网、中新网、东北网,以及相关市(地)电视台、日报等媒体报道转载。

二、围绕中心工作,服务发展大局,持续提升咨政服务力

坚持在龙江振兴发展大局上找准工作切入点着力点,充分发挥社科界的学理支撑和智力支持作用。一是围绕统筹推进疫情防控和经济社会发展,创新工作方式,打造云端思想库和网上智囊团。在官网官微设立"众志成城、抗击疫情"栏目和"龙江社科'战疫'进行时"专题,发布信息234 条,21.5 万人次阅读。引导社会组织发挥智库优势,线上举办"战疫——社会组织在行动"主题"学会下午茶";联合社会组织举办 3 场"抗疫"理论研讨会;推出"科学防疫 健康生活"系列科普云讲座 8 场,14 万听众在线收看,首场讲座被"学习强国"学习平台、《黑龙江日报》报道;与大庆市社科联联合编印《新冠肺炎病毒防疫科普手册》,发放 1.3 万册,推出线上普及,"学习强国"学习平台重点推介,27 万人次阅读。二是加强省经济社会发展重点研究课题建设和管理。完成 2019 年 72 项课题结题验收工作。开展 2020 年课题立项审核、招标实施工作,涉及需求单位 69 家、承担单位 45 家,参与课题研究人员近 900 人次,104 项课题进入实施阶段。有效对接经济社会发展需求,建立"领导点题、智库认领"服务决策探索机制,开通社科工作者服务省委、省政府领导决策直通车,开展订单式服务。设立了战略课题立项 24 项。基地课题招标确立课题 90 项。加强对课题的指导培训和中期管理;组织 2017 年、2018 年课题结项验收,38 项课题结项。三是不断提升课题研究质量,促进成果高效转化。培训课题研究人员近 200 人次;召开各类课题指导、评审会议 18 场。加大课题成果推广应用。2019 年立项课题中有 60 项研究成果被省、市领导批示或得到省、市党政机构采纳,采纳应用率为 79.5%;2020 年有 5 项课题成果获省领导批示 7 次。2020 年以统筹疫情防控与经济社会发展为主线,接收决策咨询建议类投稿 260 余篇,编报《社科成果要报》56 期、17 余万字,有 8 期获省领导 10 次批示。编辑出版了《龙江社科智库报告》2019、2020 卷,共 80 万字。加强与中国知网的战略合作,编印《2019 年度黑龙江省哲学社会科学学术发展数字报告》近 11 万字。四是拓展咨政服务新渠道,加强社会智库建设。对省、市 337 家社会智库类社会组织开展调研,召开了省、市(地)社科联社会智库建设工作会。分别与牡丹江市委、省交投集团签署合作协议,召开牡丹江文旅产业创新发展座谈会、黑龙江流域文化与"醉美龙江"331 边防公路建设专题研讨会,组织专家学者助力全省旅发大会,推动文化、旅游强省建设。中国新闻网、人民网、"学习强国"学习平台等报道。五是开展社科专家基层行。组织专家赴齐齐哈尔、牡丹江、佳木斯、黑河市开展 4 次基层行,累计派出专家 36 人次,考察产业园区、文化场馆等近 20 处,举办座谈会 4 次、"龙江讲坛"进基层专题报告会 1 次、课题论证指导会 3 次,既为地方党委政府决策提供咨询服务,又通过科普服务提高群众科学素养,得到地方政府和基层单位认可。

三、坚持守土有责,筑牢思想防线,持续提升主流意识形态影响力

严格落实意识形态工作责任制,着力抓好意识形态工作这个"灵魂工程"。一方面,以意识形态专项巡视整改为契机,补短板强弱项,加强风险排查和阵地管控;另一方面,高度重视社会组织意识形态工作管理,做好引导督导。一是完善制度体系。制定和完善省社科联意识形态工作制度并形成清单,就阵地建设、督查考核、风险排查、期刊管理、门户网站、讲坛讲座等制定或完善制度规范 22 项,将意识形态工作纳入中心组学习、科普活动、基地指导、干部管理、教育培训和目标考核中,提高了意识形态工作的制度化规范化水平。二是进行专项督导。开展 2020 年意识形态专项督导检查。在督促检查机关、事业单位意识形态巡视整改任务进展的同时,创新开展社会组织业务考核和意识形态专项检查工作,全面排查安全隐患,着力管控风险。省社科联团体会员全年未发生意识形态问题。三是开展风险排查。开展重点领域和关键环节重大风险点排查,制定预案,落实责任,提升了对讲坛讲座、学术活动、官网官微、期刊课题等工作的政治把关和风险防控水平。四是加强阵地管理。定期向省委报告意识形态工作情况;加强社团成立前置审查和社会组织举办讲座论坛的审批备案;"龙江讲坛"加大风险管控和审查备案力度,全年 29 场讲座全备案无问题;社科评奖严把意识形态和学术操守关,对入选的涉意识形态成果严格审读;做好信息发布管理工作,切实维护网络意识形态安全;主办刊物严把意识形态关。

四、加强学术交流,促进人才成长,持续提升人才培养和精品创造引导力

坚持以学者为本、以学术为基,服务扶持相结合,为打磨人才、打造精品搭建平台。一是开展第十九届省社科优秀成果评奖。完善评奖制度,调整评价指标体系,完善申报评审系统,强化监督管理,圆满完成评奖工

作,在1300项申报成果中推出优秀成果557项。评奖坚持正确政治方向和学术导向,注重扶持培养青年人才,切实发挥了激励、导向、示范作用。二是举办第七届社科学术年会。以"学讲话·谋振兴"为主题,发挥"联"的优势和"合"的效能,坚持"双线"推进、"四方"联动、"七专"融合,开展了3大板块18个系列200余场活动,征集论文260余篇,参与专家学者2万余人,资助重点活动33项,展现了我省社科界的良好风貌。三是资助学术著作出版。30部著作获准立项和资助,扶持培育著作16部。四是有序完成2019年全省统计系列和2020年全省经济系列高级职称评审工作。五是举办第四期社科理论界青年人才暨全省社科类社会组织党建工作培训班。省内高校、党干校、科研院所青年教师和社会组织代表近90人参加现场培训,进一步加深了学员对政治理论、国际形势、国情省情等的理解,增强了履职尽责的主动性。六是开展宣传思想人才队伍调研。核对2009年以来的87名龙江学者和"六个一批"青年人才信息,摸清我省优秀理论人才底数。

五、筑牢精神之基,拓展传播渠道,持续提升文化软实力

拓展社科普及领域,创新工作方法,社科普及和科普法治建设取得新进展。一是举办"龙江讲坛"科普云讲座。全年举办讲座29期,其中云讲座25场、下基层5次,推出"科学防疫·健康生活""学两会·话民生""黑龙江的诗与远方系列""文艺家说""党的十九届五中全会精神"5个系列23场讲座,举办《习近平谈治国理政》第三卷、党史教育等专题报告会9场,线上线下累计受众50万人次。"龙江讲坛"讲座上线"学习强国""极光新闻",纳入"数字龙江"发展规划(2019 - 2025年)。二是举办第十一届社科普及月。立足"学讲话、谋振兴",配合"文化惠民生、同心奔小康"主题活动,广泛开展宣讲、咨询、展览等科普活动,印发《省社科联科普活动委托项目管理办法》,征集科普活动130项,资助30项重点活动。三是做好社科普及平台建设。审核和考察第四批科普基地申报单位;完善《黑龙江省社会科学普及基地管理办法》;联合有关单位举办展览4次、讲座4场;编辑《红色记忆》系列科普读物、《"龙江讲坛"系列讲座·

现当代文学卷》。四是推进科普立法工作。积极对接省人大教科文卫委,通过开展调研、实地考察、收集问卷数据、召开座谈会和推进会、完善《条例(草案)》文本等方式,推动《黑龙江省社会科学普及条例》(制定)纳入省人大常委会 2021 年预备立法项目。五是做好科普联席会工作。助力"科技战疫、创新强国"省科技活动周,举办专题讲座,普及科学防疫知识;《"龙江讲坛"系列讲座·传统文化卷》被评为 2020 年全省优秀科普作品,荣获 2020 年全省科普讲解大赛优秀组织单位。六是创新普及传播手段,助力"互联网 + 文化"建设。创新宣传普及内容、方法和途径,开展科普云讲座、科普基地云展厅、科普图书云阅享,探索"互联网 + 科普"服务惠民新模式,打造线上线下结合、多平台多渠道传播矩阵,社会科学宣传普及影响力传播力不断增强。

六、密切联系协作,打造"集成电路",持续提升系统凝聚力

注重发挥"联"的优势,做好"联"字大文章。一是完善联系服务制度。修订了《省社科联领导班子联系服务制度》,制定了 2020 年—2022 年班子成员及厅级领导落实联系服务制度分工方案,实现了业务主管社会组织和基层社科联联系服务全覆盖。二是密织联系服务网络。指导学科相近的社科类社会组织建立了文学、哲学、外语、历史、社会学 5 个学科群组,根据社会组织自身建设、发展潜力、运转方式等特点组建 6 个工作群组,通过互联网实现对业务主管社会组织联系服务全覆盖。三是推进省市协同联动。召开省、市(地)社科联网络工作会议;引导市(地)、高校社科联和省、市社会组织联动,活跃学会学术,积极咨政建言,提升社科联系统的工作水平和影响力。四是开展工作调研。由班子成员带队,分赴齐齐哈尔、牡丹江、佳木斯、大庆、鸡西、绥化、伊春、黑河等地开展调研。走访市(地)、高校社科联、学术交流基地、科普基地 30 余家,召开了各类座谈研讨会近 20 场、课题论证指导会 3 场和 1 场"龙江讲坛"基层宣讲,专家咨政建言近百条,捐赠科普读物 2000 余册,促进社科联各项工作向基层延伸、为实践服务。"学习强国"学习平台、东北网、绥化广播电视台、《大庆日报》、《牡丹江日报》等进行了报道。

七、加强党的领导,深化改革成效,持续提升组织保障力

党组强化了组织建设和素质提升。一是成功召开省社科联第九次代表大会,选出新一届领导班子。张庆伟书记作开幕式讲话,10 余位省领导和 350 余名代表及嘉宾参加,全国哲社办领导莅临致辞,大会选举省委常委、宣传部部长贾玉梅担任省社科联主席。圆满实现了好报告、好班子、好风纪的换届目标。二是推动改革任务落地见效。党组着力构建全省社科联"一盘棋"格局,积极督促改革任务有序推进,2020 年底前应完成的改革任务如期完成。推动社科联系统改革成效向基层延伸,12 个市(地)制定了实施方案,1 个参照执行。三是做好疫情防控工作。党组认真落实中央和省委部署,成立了党组书记挂帅的领导小组,实行严格的疫情防控措施,认真落实省纪委监委和驻部纪检组要求,看好门、管好人,自觉做到"三不";党组书记等 4 名班子成员和厅级干部带头,共 8 人下沉社区;干部职工踊跃参加捐款和献血;加强系统防疫物资配备;引导社科组织和社科工作者开展咨政服务和科普宣传,加强正面引导。省社科联全年无疫情发生。四是持续巩固"不忘初心、牢记使命"主题教育成效,圆满完成巡视整改任务。党组以"四个意识"为政治标杆,全面扛起主题教育整改和巡视整改主体责任,成立了工作专班和专项小组,认真学习传达中央、省委要求,研究整改任务落实。党组书记站在整改一线,对巡视反馈意见主动认领、带头整改,主持召开了 2 次全体干部职工大会、15 次党组会议和专班会议、近 10 次专项推进会,以及专题民主生活会,以持续抓好"六个跟进"为切入点,推动主题教育、巡视反馈的 40 项整改任务全部如期完成。五是加强社科联干部素质和能力培训。举办了社科联党员干部读书班,全体党员干部集中学习 10 余次;举办了省社科联系统"强四力、提素质"网上培训班,省、市(地)社科联 93 名同志参加培训。六是加强了全面从严治党暨党风廉政建设工作,召开了专题会议进行了部署,强化了主体责任和监督责任以及"三级四岗"责任,完成了机关党委换届,配齐配强了机关党委和机关纪委领导班子,全年没有违纪问题发生。科学设置党支部,落实"五细"要求,践行"工匠精神",促进了干部能力素质

提升。七是全面启动了庆祝建党百年活动筹备和社科联"十四五"规划编制工作。八是加强了社科类社会组织建设。修订了《黑龙江省社会科学界联合会社团管理办法》；开展了社会组织年度业务考核工作，业务主管的79家全部参与，考核合格率为87.3％，限期整改未达标社团；对1家社团进行成立前置审查；指导34家业务主管社团筹备换届，推动19家批复换届或召开换届会；批复同意2家社团注销登记，1家变更业务主管单位。在全国率先实现公办本科高校的社科联组织全覆盖。社会组织党建工作取得进展，省委组织部批复成立省社科联社科类社会组织党委；对省社科联所属社会组织党支部党务干部进行培训；制定《省社科联业务主管社会组织党建工作实施细则》，形成《省社科联社科类社会组织党建工作调研报告》。九是推进网上社科联建设。推动各类社科数据信息库的开发和使用，完善电子政务系统，升级改造官网官微，保障网络系统正常运转。严把网络信息质量关，2020年，省社科联官网累计发布信息569条，总阅读量330余万次；官微发布信息182条，总阅读量6万余次，各项数据较以往增幅明显。

一年来，省社科联工作虽然取得了一定的成绩，但我们也清醒地认识到工作中存在的问题和薄弱环节，主要是：社科联整体影响力还不够；沟通联系、指导服务、引领凝聚作用发挥不到位；在整合平台和资源一体发力上不够，省社科联与基层社科联、社团，以及基地之间联系不够、协同不足；各级社科组织在学术发展、服务大局、咨政建言上显效不够；"强三性、去四化"改革还有待深入。这些问题需要我们在今后工作中引起高度重视，以更大的努力逐步加以改进和解决，促使干部职工思想认识进一步提高，营造风清气正的干事创业氛围，促进各项工作再上新台阶。

强化精准施教　注重成果转化　推动新闻战线马克思主义新闻观培训工作全效覆盖

黑龙江省新闻工作者协会

2020年,黑龙江省新闻工作者协会按照黑龙江省委宣传部的总体部署,坚持统筹规划、科学实施,努力克服新冠疫情带来的实际困难,通过线上培训与线下培训相结合、集中培训与分散自学相结合、新闻阅评与业务培训相结合、作品比赛与业务培训相结合、理论学习与实地参观相结合等灵活多样的方式,深入抓好全省新闻工作者的马克思主义新闻观培训工作。全年共举办各类、各层级马克思主义新闻观培训31期,其中线下培训6期,线上培训25期(各媒体以新闻阅评会等形式组织的培训以及个人分散自学不包括在内),总计覆盖5000余名新闻工作者。通过培训,广大新闻工作者政治觉悟得到增强,业务素养有效提升,推动了全省新闻事业不断进步。

一、马克思主义新闻观培训的具体做法、主要成效和经验体会

(一)具体做法

一是紧密结合重大政治活动,增强培训的政治性。把马克思主义新闻观培训与学习《习近平谈治国理政》第三卷、十九届五中全会精神、习近平总书记《论党的宣传思想工作》,以及《中华人民共和国民法典》等重大活动紧密结合起来。组织广大新闻工作者在全面完整学习的基础上,结合本职工作,重点学深悟透近平总书记关于宣传思想工作、新闻舆论工作的重要论述等内容。省委常委、宣传部部长贾玉梅参加龙江党员读

《习近平谈治国理政》第三卷活动，并进行十九届五中全会精神首场宣讲。哈尔滨市记协邀请哈尔滨市委党校教授，结合学习《中华人民共和国民法典》，为广大新闻工作者重点解析了新闻侵权的概念和特征，新闻媒体败诉的主要原因和避免新闻侵权案件发生的主要途径等，拓展了马克思主义新闻观培训内容，受到大家一致好评。

二是适时搞好各类集中培训，增强培训的系统性。根据疫情防控形势变化，分地域、分层次科学搞好各类线上线下集中培训。省、市两级宣传部门和记协分别通过中国记协网、广播影视远程培训网、黑龙江网络干部教育学院等平台，邀请国家和省内新闻领域领导及专家，对所属新闻工作者进行不少于一周的集中线上培训。在疫情防控形势允许之时，省、市、县三级还分别举办了省直宣传文化系统业务骨干培训班、全省宣传思想战线强"四力"教育实践培训班等各级各类线下集中培训。8月28日，专门邀请中国记协党组书记胡孝汉围绕如何增强"四力"，在黑龙江广播电视台为省直及哈尔滨市新闻单位百余名新闻工作者上了一堂生动的马克思主义新闻观培训课。9月，邀请中宣部新闻阅评组组长曹焕荣为省直新闻单位一线新闻工作者做了《坚持守正创新 提高专业水平》的讲座。此外，新华社高级记者、长江韬奋奖获得者徐江善、黑龙江大学新闻传播学院原院长郑亚楠等国内省内知名学者也受邀为新闻工作者授课。通过集中培训期间全面科学的课程设置，使大家比较系统地掌握了马克思新闻观的基本内涵和实践技能。

三是灵活运用多种学习载体，增强培训的经常性。组织全省新闻工作者通过"学习强国"app 和中国记协网，长年坚持学习《马克思主义新闻观百问百答》等内容，使培训做到了长期化、经常化。组织全省各新闻媒体通过支部书记讲党课、党支部集体学习等形式，定期进行马克思主义新闻观相关内容学习，使培训做到了制度化、规范化。组织全省新闻媒体通过开展新闻阅评，让大家通过新闻稿件加深对马克思主义新闻观的理解，使培训做到了随机化、具体化。通过这些坚持经常、结合实际的培训，使全省新闻工作者对马克思主义新闻观的认识不断深化。

四是着眼重点内容和重点群体，增强培训的针对性。针对媒体融合不断深入、县级融媒体中心刚刚组建完毕的实际,把媒体融合业务和县级融媒体中心工作人员作为培训重点。6 月末至 7 月中下旬,与中国记协、《人民日报》、新华社等单位合作,连续举办 4 次线上培训,邀请中国新闻奖评委、中国新闻奖获奖者、中央媒体负责人、中国传媒大学教授等专家学者,围绕"如何提高融媒体精品创作水平"进行辅导。7 月,与黑龙江广播电视台制定出台了《关于全省县级融媒体中心工作人员培训的实施方案》。9 月 10 日,邀请黑龙江广播电视台副台长、长江韬奋奖获得者关中以《继承与创新》为题,围绕传统媒体的运营手段和新媒体的新玩法等内容,通过"极光新闻"app 为全省县级融媒体中心新闻从业人员开启培训第一讲,有效提高了大家的融媒素养。

五是经常举办新闻作品比赛,增强培训的操作性。为了让广大新闻工作者在实践锻炼中提高业务技能,在做好黑龙江新闻奖评选的基础上,又先后与省委宣传部联合举办了"创新先行看新区·黑龙江省新闻界融媒体技能大赛"和"2020 黑龙江'冰雪之冠 童话龙江'冬季旅游融媒体宣传创新大赛"。采取"以赛代训"的形式,通过新闻评奖的示范引领和导向作用,引导广大新闻工作者深入基层、锤炼"四力",进一步强化对马克思主义新闻观的理解和践行。

六是科学指导基层开展培训,增强培训的灵活性。针对我省地域辽阔,人员分散的特点,分期、分片,指导、协调各市(地)开展灵活多样的马克思主义新闻观培训。与哈尔滨市委宣传部、哈尔滨市新闻工作者协会共同举办"新闻战线业务骨干学习《中华人民共和国民法典》加强'四力'建设专题培训班";协调帮助鸡西市记协派专人参加成都"选品 + 场控 + 摄制"2020 全国媒体视频与直播带货特训营及省台跟岗学习,邀请省技术公司就调度中心如何通过拼接大屏展现线索、报题、选题、版面、任务、资源位置、发布内容等数据及资讯进行培训;协调帮助鹤岗市记协与北京企源力教育科技有限公司签订"媒体淘课技术服务协议",开展为期一年的全员网络学习,通过远程教育的方式,系统学习马克思主义新闻观、新闻业务、新媒体运营等 400 余学时的专业知识。同时,指导各媒体制订马克思主义新闻观培训计划,结合各自特点,有组织、有计划、有步骤地开展培训工作。

七是积极组织外出学习参观,增强培训的实践性。为了充分学习借鉴兄弟省市的先进经验,组织人员赴北京、浙江、江苏、湖南等地,参加全国新媒体负责人增强"四力"专题培训班、"2020 县级融媒体中心东西协作交流"等活动。通过现场参观,零距离直观学习掌握先进地区的优秀成果和成功经验,使大家对如何适应时代发展、践行马克思主义新闻观、加强媒体建设,进一步解放了思想、拓宽了视野、优化了思路、创新了举措。

(二)主要成效

一是新闻工作者的政治能力得到增强。全体新闻工作者的政治站位有效提高,都能进一步增强"四个意识",坚定"四个自信",自觉做到"两个维护"。大家从政治高度理解把握习近平总书记关于新闻舆论工作的重要论述更加深刻,从政治角度认识和处理新闻舆论工作的能力得到增强,正确的政治方向、舆论导向和价值取向树立得更加牢固。一年来,全省新闻工作者在遵守政治纪律、新闻纪律等方面,都能始终与中央和省委保持高度一致,没有发生任何问题。

二是新闻工作者的职业素养明显提升。经过以媒体融合为重点内容、县级融媒体中心工作人员为重点对象的业务培训,全省新闻工作者的融媒体素养明显提高。在第三十届中国新闻奖评选中,我省获得了"短视频现场新闻"三等奖,实现融媒体获奖作品零的突破。此外,黑龙江广播电视台"抗疫海报"等融媒体精品还多次被"学习强国"app、中国记协"两微一端"等平台推送;黑龙江广播电视台"大手拉小手 小康路上一起走"公益行动成为"2020 中国新媒体扶贫联合公益行动"首批案例。在今年全省各类新闻奖评选中,县级融媒体作品的获奖数量明显增加,质量大幅提升。

三是新闻工作的整体质量进一步提高。全体新闻工作者政治素养和业务素养的全面提升,带动了新闻工作质量整体提高。一年来,全省新闻工作者紧紧围绕省委、省政府的中心工作和重点任务,坚决贯彻省委、省政府各项部署要求,充分发扬"不怕危险、顽强战斗"的逆行者精神,圆满完成了抗击疫情、脱贫攻坚、复工复产、百大项目会战等重大宣传任务，新闻宣传工作的传播力、引导力、影响力有效提升，为全省统筹疫情防控和经济社会发展、加快实现全面振兴全方位振兴提供了强大的精神动力和舆论支持，较好地发挥了围绕中心、服务发展的职能作用。

（三）经验体会

一是在培训方式上，只有把集中培训与经常性学习结合起来，才会取得良好成效。马克思主义新闻观的树立与强化，是一个长期的、渐进的过程，不可能通过几天的集中培训便一蹴而就。只有通过定期组织集体学、经常性分散学习等灵活多样的形式，让培训坚持经常、融入工作，才会在日常实践中一点一滴地加深记忆、加深理解，从而达到入脑入心的良好效果。

二是在培训内容上，只有紧跟时代发展变化、不断推陈出新，才会使新闻工作者的职业素养适应时代发展要求。随着时代的发展进步，新闻舆论工作的方法手段也需要不断创新发展，马克思主义新闻观的内涵与外延也需要不断丰富拓展。只有紧跟时代发展，及时赋予马克思主义新闻观培训新的时代内容，才会使新闻工作者的能力素质不断适应时代要求，党的新闻舆论工作开创新的局面。

三是在培训手段上，只有积极利用现代科技成果，才能不断提高培训效果。当今时代，网络、微信、移动通信等科技成果给人们的学习生活带来极大便利。马克思主义新闻观培训也应该积极采用这些先进技术手段，通过互联网络、手机移动网络等载体，让人们随时随地都能学习到马克思主义新闻观内容。只有这样，才能使马克思主义新闻观培训坚持经常、紧跟形势，取得良好成效。

深化改革创新　积蓄发展动能
加快迈向高质量发展新里程

黑龙江出版集团

2020 年,黑龙江出版集团坚持以习近平新时代中国特色社会主义思想为指导,深入贯彻落实中央和省委决策部署,坚持正确政治方向和出版导向,坚持把社会效益放在首位、社会效益和经济效益相统一,统筹推进疫情防控和企业改革发展工作,龙版精品阵营持续壮大,"编、印、发"等主营业务板块有序优化升级,应对疫情降损增效成果显著,经营管理信息化、集约化、精细化水平稳步提升,旗下黑龙江出版传媒股份有限公司上市工作取得重要进展,为加快打造国内出版业具有较强影响力竞争力的现代化全媒体文化产业集团奠定了更加坚实的基础。

一、深化企业改革,加快上市进程

集团将推动股份公司上市作为全年中心工作,全力加快上市各项筹备工作进程。着力破解上市进程中的一系列重点难点问题。完成出版集团原持有相关单位股权划转工作以及黑龙江朝鲜民族出版社、大庆市新华书店委托股份公司代管工作,进一步解决同业竞争、关联交易等相关问题,规范集团与所控股的股份公司之间关系。深入清理"僵尸企业",优化资源配置,增强发展活力。大力争取政策支持,完成股份公司缩股减资工作。着力构建符合上市公司标准的规范化运作体系。集中制定、修订组织架构、发展战略、人力资源、资金资产、工程项目、内部监督、信息披露等方面 70 余项管理制度,形成科学、规范、有效的企业内部控制体系。大

131

力实施资金集中管控,依托资金"蓄水池"推进资金归集,进一步提升企业理财水平和资金风险防范能力。推进审计三年全覆盖工作,强化内部监督制约。全面实行定编、定岗、定员管理,优化人力资源结构,巩固企业人才队伍建设基础。着力提升经营管理能力和水平。以财务、资产、人力资源等管理工作为重点,大力推进企业信息化建设。积极应对疫情带来的不利影响,实施 20 项挖潜降损增效措施。开展应收及预付款专项清理工作和存货盘点工作,严格做好项目投资把关,促进主业提质增效。高效推进合规证明办理、中介尽职调查、上市申报材料编制等一系列其他相关工作,股份公司于 2020 年 10 月正式向中国证监会申报上市,向实现上市目标迈出了新的关键一步。

二、聚焦精品建设,挺拔出版主业

坚持把社会效益摆在首位、社会效益和经济效益相统一,深入实施精品出版战略,努力扩大优质文化产品供给。加强内容质量管理。建立健全出版物阅评等制度,严格执行"三审三校"等各项出版管理制度,把牢正确出版导向,促进出版物品质品位提升。聚力做优主题出版。围绕全面建成小康社会、建党一百周年等重要节点,加强主题出版布局,提前谋划和精心打造《中国共产党文化建设史》、"新时代黑龙江'四大精神'读本丛书"等一批记录党的光辉历程、书写红色革命精神的精品力作。强化重点项目牵动。坚持以项目育人才、带团队、铸精品,深入挖掘边疆特色文化资源及自身优势,精心打造示范性带动性精品出版项目。

2020 年,在集团引导和推动下,所属各出版单位精品出版物建设再获丰硕成果。《东北抗日联军史事辑要》《中国共产党东北交通线(1921－1945 年)》等 9 个精品项目入选国家出版基金资助项目;《鄂伦春语学习读本(初级、中级、高级)》《朝鲜族传统故事精选(20 本)》等 5 个精品出版项目入选国家民族文字出版专项资金资助项目;《伊玛堪集成》《明代澳门史论稿》《中国历代边事边政通论》《中国流人史》《记住乡愁——留给孩子们的中国民俗文化》《中韩词典·韩中词典》荣获黑龙江省出版奖优秀图书奖,《法治知识》荣获黑龙江省出版奖优秀音像、电子、网络出版物奖,《旧时游戏》《黑龙江流域少数民族英雄叙事诗》《树上的太阳——献给孩子的中英双语诗绘集》《飞鸿踏雪——龙江新诗与版画七十年巡礼》《黑龙江画报》荣获黑龙江省出版奖优秀装帧设计奖,《DK烧脑思维训练手册》《楷书间架结构九十二法》荣获黑龙江省出版奖畅销出版物奖。黑龙江教育出版社、黑龙江新华书店集团荣获黑龙江省出版奖先进出版单位奖。4名资深出版人荣获黑龙江省出版奖优秀出版人物奖。

三、加快转型升级,增强发展潜力

集团积极抢抓文化产业优化升级机遇,在出版、印刷、发行转型升级及新媒体建设等方面持续发力,不断优化业务结构,逐步增强企业发展新动能,加快构建新发展格局。加快探索数字化融合化发展。整合数字出版内容资源,加强数字技术研发,加快实施《黑水世居少数民族影像志》《赫哲族英雄故事》等数字出版项目,同步探索在线教育、知识服务等数字平台建设,积极打造教育科技孵化器。加强新媒体建设,推动黑龙江网"提质扩容",新媒体集团技术研发实力进一步增强,技术服务项目持续拓展。探索文化产业发展新路径,策划龙腾文化艺术产业园区(一期)及网红直播基地建设项目,获省文化产业发展专项资金扶持。进一步推进全省新华书店优化升级。加强连锁体系中盘建设,研发应用一体化运营管理平台,提升连锁经营效率。大力实施新华书店"服务进校园"规划,布局中小学校园书店建设,努力延伸教育服务链条。加快书店电商平台建设,积极探索新零售、新服务模式。推动印刷业务持续提质增效。以数字化、智能化印刷为方向,加快推进印刷设备改造升级,实施智能印刷工厂项目,积极探索按需印刷,印刷产品质量稳步提升,11个承印品种在人民教育出版社教材质量评比中获得优质品奖。

四、服务中心大局,践行文化惠民

面对突如其来的新冠肺炎疫情,集团认真贯彻落实中央和省委部署要求,严格落实各项防控措施,推动疫情防控常态化,按规定及时组织复工复产。以疫情为命令,组织所属出版单位紧急开展防疫出版物出版工作。及时推出《黑龙江省新型冠状病毒感染的肺炎防控手册》《新型冠状病毒预防绘本》《应对新冠肺炎疫情自我心理调适技巧100问》《中小学疫情防控心理自助手册》等一批防疫图书,迅速落实省委交办的《新型冠状病毒肺炎·流行性感冒防控》专业版、科普版出版任务。集团联合省委宣传部向机关、学校、社区捐赠防疫图书码洋达80余万元。黑龙江科学技术出版社《新型冠状病毒预防绘本》入选国际儿童读物联盟"全球抗疫童书互译共读项目",合作推出蒙古语、维吾尔语、哈萨克语3种少数民族语言文字版本。新华网以《新型冠状病毒预防绘本》为基础制作动画短片,发布当日点击量即突破110万次。立足"编、印、发"职能,助力保障全省中小学"停课不停学"。举全集团之力克服印厂停工、物流受限、书店停业等困难和挑战,完成全省中小学教材"课前到书"政治任务,及时拓宽线上教材供应渠道,满足广大师生教材用书需求。聚焦大事要事,壮大主流舆论。集团组织旗下各单位以多种方式发挥正面舆论引导作用,黑龙江网等媒体媒介围绕疫情防控、脱贫攻坚等推出一批正面宣传报道,《龙江扶贫进行时》荣获黑龙江省新闻奖一等奖。黑龙江东北数字出版传媒公司制作的《防疫先驱伍连德》纪录片在线上实现广泛传播。黑龙江美术出版社、黑龙江报刊传媒集团等通过网络平台、社交媒体举行"用画笔抗击疫情""众志成城·无畏疫情"绘画作文征集活动等一大批传播正能量文化活动,收到良好反响。

五、提高党建质量,注重固本培元

深化"不忘初心、牢记使命"主题教育成果,建立健全长效机制。坚持不懈抓好党的创新理论武装。通过建立内部学习平台、成立青年理论学习小组、开展学习活动等方式,引导和推动集团党员、干部坚定理想信念,增强工作本领,集团荣获省委宣传部"读书成长季"活动优秀组织奖。严格落实意识形态工作责任制。制定《意识形态工作责任制实施细则》,强化风险隐患研判和防范,健全完善出版阅评制度,加大出版物质量及"三审三校"等制度执行情况检查力度,切实守好意识形态阵地。扎实推进党建工作与业务工作有机融合。加强党支部标准化规范化建设,制定、修订《党建工作责任制》《党建工作责任制考核评价办法》等一批相关制度,形成《党建工作制度汇编》,推动和引导基层党组织提高党内政治生活质量。集团党委、机关党委荣获省直机关工委三年党建提升工程先进表彰。加强党的建设与企业文化建设同步推进。创新党建形式,开展"走长征路 云健身"、"共唱祝福新声、同走奋进道路"、爱国主义教育观影等活动,提高队伍干事创业精气神。开展向职工荐书征文活动,推动企业发展愿景、目标、理念不断深入人心、融入实践,激发干部职工干劲拼劲闯劲。所属黑龙江少年儿童出版社、牡丹江市新华书店荣获"全国新闻出版广播影视系统先进集体"称号。深化企业党风廉政建设。完善组织架构和工作机制,强化基层纪检监察工作力量。组织开展党委巡察工作,推动监督关口有效前移。推进以案明纪、以案示警、以案为鉴,不断筑牢干部队伍拒腐防变的思想防线,努力为集团持续健康稳定发展奠定优良政治基础。

研究建议

关于黑龙江省有线电视"小片网"
治理的工作思考

黑龙江省广播电视局

为全面了解我省有线电视"小片网"运营和管理现状,进一步规范和加强对"小片网"的管理工作,省广播电视局将"关于全省有线电视'小片网'治理工作的调研"列入局 2020 年度调研课题,于今年 5 月至 9 月,组织开展了专题调研,现将有关情况报告如下:

一、专题调研开展情况

调研采取书面问卷与实地调研相结合的形式进行。通过向各市地广电行政部门下发书面问卷,调研掌握各市地"小片网"的分布、数量、信号来源和属地管理等情况。在书面调研基础上,调研组成员先后赴存在"小片网"数量较多的大庆杜尔伯特蒙古族自治县,齐齐哈尔市梅里斯区、龙江县,绥化肇东市,哈尔滨市道里区红旗乡和香坊区黎明街道等地进行实地调研,实地察看了"小片网"前端机房,了解"小片网"运营管理情况;走访了部分"小片网"用户,了解接收情况;组织召开了由当地管理部门、广电网络公司、"小片网"经营者参加的座谈会,听取相关运营和管理情况及意见建议。通过调研,基本掌握全省有线电视"小片网"运营和管理现状。

二、"小片网"现状及问题

20 世纪 90 年代,因国家有线电视网络建设未能覆盖所有区域,特别是城乡接合部和偏远的农村地区,部分群众无法收看到有线电视节目。为了满足这部分群众的收视需求,在广播电视行政部门和所在地基层乡镇政府的认可和支持下,全国许多城市郊区、乡镇、村屯,通过招商和个人投资,兴建起许多有线电视"小片网"。在当时特定的条件下,我省各地也兴建了一些"小片网"。这些"小片网"既解决了当时国有有线电视网络建设资金不足,覆盖不够等问题,也解决了偏远农村地区群众看不到有线电视节目的问题。经过近 30 年我省广播电视事业的发展,随着国家有线电视网络的建设和整合,国家"直播星"户户通、地面数字电视等公共服务政策的落地,加上移动、联通、电信运营商推进宽带业务和电视业务的冲击等影响,有线电视"小片网"劣势逐渐显现,并衍生出一些普遍性问题,呈现出明显的由盛转衰的整体态势。大多数"小片网"规模实力偏小,提供的有线电视节目数量偏少、质量偏低,实际接收用户大幅减少,管理不规范,散乱现象较为普遍。

(一)数量多、分布散,大多数规模较小。截至今年 8 月 1 日,我省现有有线电视"小片网"172 个,接收用户 324373 户。

从"小片网"分布来看,我省共有哈尔滨、大庆、绥化、齐齐哈尔、牡丹江、佳木斯、黑河、双鸭山 8 个市地存在"小片网"。其中,哈尔滨市 82 个,占总个数的 47.7%;大庆市 58 个,占比 33.7%,;绥化市 15 个,占比 8.7%;齐齐哈尔市 12 个,占比 7%;牡丹江市 2 个,占比 1.2%;佳木斯市、黑河市、双鸭山市各 1 个,各占比 0.6%。

从"小片网"接收用户数来看,哈尔滨市最多,达到 164465 户,占全省"小片网"用户数的 50.7%;佳木斯市次之,用户 45255 户,占比 14%;大庆市 35880 户、绥化市 34479 户、齐齐哈尔市 31932 户,各占比 10% 左右;黑河市 11000 户,占比 3.4%;牡丹江市、双鸭山市用户较少,均不足 1000 户。

从单个"小片网"用户数看,全省平均每个"小片网"用户 1885 户。据统计,用户 4000 户以上的"小片网"共 11 个,占"小片网"总数的 6.4%;用户 1000 户以下的 107 个,占"小片网"总数的 62.2%。实际用户数最多的是佳木斯市郊区有线"小片网"共 45255 户,用户数量最少的是哈尔滨五常市八家子乡"小片网"仅34户。

（二）信号源不统一，存在安全风险隐患。全省172个有线电视"小片网"中，有78个通过与当地广电网络公司合作的形式，使用广电网络公司的有线电视节目信号，占总数的45.35%；有94个通过自建前端接收卫星电视节目信号，占总数的54.65%。

采取与当地广电网络公司合作使用其有线电视信号源方式的"小片网"，用户接收有线电视节目信号稳定，节目套数多，内容更丰富，可达到150多套。收视费与当地网络公司收费标准基本相同，经营者与当地网络公司共同分成（各约50%）。

采取自建前端接收卫星电视节目信号方式的"小片网"，用户可接收并传送有线电视节目数量较少，主要为中央台节目和各省卫视节目约50套，但因使用和维护卫星设施的成本低，收费标准相对较低。调研发现自建前端的"小片网"有接收、传送违规电视节目及插播自办节目、广告的风险，存在一定的意识形态安全隐患。

（三）大多数传输信号质量偏低，用户流失严重，运营日益困难。近年来，随着IPTV、网络电视等新兴媒体的普及，无线地面数字电视信号的覆盖，人民群众获取广播电视节目渠道增多，大多数"小片网"所传输的标清、单向数字电视节目已不能满足群众的收视需求。"小片网"经营者不愿意，也没有经济实力再加大投入，造成网络技术设备和线路严重老化，机房和网络管理维护不到位，节目信号差、故障多，维修服务不及时。另外受农村土地流转、人口外流后多为留守老人等因素影响，各"小片网"不同程度存在逐渐萎缩、用户流失现象。因此，每个缴费期"小片网"都面临用户断崖式流失，形成恶性循环，普遍面临生存困难，特别是实际收视用户较少的小规模"小片网"。据统计，全省共有86个"小片网"的有效用户仅在34至613户之间，占全省"小片网"数量的50%，这些小规模的"小片网"大多数正逐步走向"消亡"。例如：实地走访的杜尔伯特蒙古族自治县克尔台乡的"小片网"，2015年有实际用户1000多户，现仅有实际用户数300多户。随着用户数不断减少，收视收入持续减少，很可能不久就会废弃。

全省有11个"小片网"的有效用户在4000户以上,年收视费收入100万左右。这些具备一定规模的"小片网"仅占全省"小片网"数量的6.4%,运营比较稳定。例如:调研走访的哈尔滨市黎明街道(原黎明乡)"小片网",现有7000多用户,有固定的营业厅、多名技术维护人员,独立专用机房,各项规章制度也比较规范,节目源为哈尔滨元申广电网络公司提供的有线数字电视节目,并且已自筹资金对有线网络进行了部分高清化、双向化改造,可部分提供高清节目、双向互动点播节目,经营收入较稳定,效益较好。也有部分具备一定规模的"小片网"经营者仍安于维持现状,仅进行标清节目传送,无意投入资金进行高清化和双向化的改造。

(四)缺乏专门的管理规章,基层管理不到位。按照广播电视属地管理、分级负责的要求,地方各级广电行政部门对"小片网"履行属地行业监管的职责。同时,基层乡镇党委政府履行农村广播电视安全播出管理的主体责任。但实际管理中存在管理不畅、不到位的问题。一是国家未出台专门针对"小片网"管理的具体规定,因此管理缺乏明确细则,不宜操作。二是绝大多数个人建设的"小片网"既不具备可以从事广播电视传送业务的《广播电视节目传送业务经营许可证》《广播电视站许可证》申办主体资质,也没有接收卫星传送的境内电视节目许可证,仅持有与当地乡镇政府签订的建设经营协议。虽然"小片网"无证运营,但又确实为部分群众提供了基本的有线电视服务,作为历史遗留问题,不能简单地"一关了之"。三是大多数"小片网"地处偏远,不便监管。例如:大庆市让胡路区喇嘛甸镇、杜尔伯特蒙古族自治县、肇州县和肇源县等地,最远"小片网"距离市区约200公里,距离所在县城约100公里。而大部分市、县广电行政部门从事广电管理和执法的人员只配备1—2人,各乡镇政府几乎没有专职人员管理"小片网",加上缺乏有力的行政管理手段和措施,很难做到实时经常监管。一些地方出现政策传达不及时、检查不经常等管理不到位的问题。

(五)网络整合成本过高,双方难以达成一致,致使"小片网"整合进展缓慢。近年来,按照国家网络整合和"全省一网"的有关要求,省广电网络公司大力推进对"小片网"的整合工作。大多数"小片网"经营者也有与省网合作的意愿,但进展相对缓慢。主要原因:一是双方利益难以平衡。在整合的过程中,"小片网"经营者按照覆盖用户和投入设备价值开价,广电网络公司根据其现有设备、有效用户数等情况进行估值,双方对收购价存在较大分歧,难以达成一致,使合作谈判陷入僵局。二是整合成本过高。大多数"小片网"自身有效用户数量较少,且广电网络干线网距离较远,网络公司整合后布网建设投入巨大、成本过高。据了解,2010年和2017年,省广电网络公司及哈尔滨元申广电网络公司曾先后两轮投入资金1亿多元,对20余个小片网进行了收购整合。但收购整合后,实际接收用户持续减少,收购整合成本至今未收回,仍处于亏损状态。出于成本考虑,广电网络公司对大多数"小片网"的整合收购意愿不强。

三、当前国内"小片网"管理现状

(一)国家相关管理政策要求。一是按照《广播电视管理条例》(国务院令第228号)、《卫星电视广播地面接收设施管理规定》(国务院令第129号)、《广播电视节目传送业务管理办法》(国家广播电影电视总局令第33号)等法规、规章有关规定,要求加强对"广播电视节目传送业务"的管理。作为有线传送业务管理中的一项内容,各级广播电视行政部门对辖区"小片网"负有属地管理和行业管理的责任。二是《中共中央宣传部关于印发〈全国有线电视网络整合发展实施方案〉的通知》(中宣发〔2020〕4号)明确要求:"按照一省一网的形式,各省(区、市)只保留一个统一运营管理的有线电视运营商""在各省级有线电视网络整合发展领导小组指导下,各省网公司推动解决好在一省一网整合发展中的遗留问题"。

(二)部分省(区、市)治理做法。经了解安徽、广东等地,总体的趋势是取缔非法,规范推进整合,主要有以下几个方面特点:一是以宣传促整治。如广东省珠海市,明确了以宣传教育与清理整治并举的原则,以宣传促执法开展清理整治。取缔非法安装使用的卫星电视广播地面接收设施及有线电视传输网,引入合法的、符合国家和行业技术规范的有线电视网络。保障村民的合法收视权益,使村民能享受到内容丰富、信号稳定、品质优良和资费实惠的电视产品服务。二是统一信号保安全。如安徽省无为县,由县委宣传部牵头,投入资金对"小片网"机房进行改造,使用统一信号源。安徽省寿县积极申请财政资金,政府先期投入 40 万元,用于县到乡镇主干线路的敷设和维护,并要求各乡镇综合文化站提供不少于 15 平方米的房间,作为有线电视传输机房,整修设备、线路,安装防盗门和监控,达到规范化要求,确保广播电视节目传送可管可控。三是高位强力推进整合。安徽省政府将农村广播电视节目传送秩序管理列入 2019 年省政府重点推进工作项目,安徽省委宣传部将农村广播电视节目传送秩序管理工作纳入落实意识形态工作责任制专项检查内容。安徽省广播电视局还举办了全省农村广播电视传送秩序管理工作培训班,明确要求全省农村"小片网"限期统一信号源,拆除机房前端,实现联网整合。

四、"小片网"治理对策建议

针对我省"小片网"现状和普遍存在的问题,依据国家有关政策法规,学习借鉴其他省份的治理做法,对我省"小片网"治理工作提出如下对策建议:

(一)压实"小片网"属地管理责任。各级广播电视行政部门、基层乡镇党委政府应按照属地管理、分级负责原则,大力宣传国家相关政策法规,提高"小片网"经营者对广播电视节目安全传输重要性的认识,积极配合联网整合工作。经常性制度化对辖区"小片网"开展监督检查,掌握辖区内"小片网"动态情况。督促指导"小片网"依法规范运营,完善安全播出各项规章制度,加强机房管理和网络设备维护,强化人员管理和技术培训,提高有线电视运营服务质量。解决安全播出制度不完善,管理和运行维护不到位的问题。

(二)加大网络整合推进力度。落实省有线电视网络整合发展领导小组《关于印发〈黑龙江省广播电视网络整合发展实施方案〉和〈黑龙江省有线电视网络整合发展领导小组成员单位责任分工〉的通知》中关于"按照一省一网的要求,深化推进全省广播电视网络重组整合,真正实现全省一网,为我省广播电视事业长足发展提供基础条件"等有关要求,省广电网络公司应发挥整合主体作用,提高站位,立足长远,克服整合成本高、收益低的不利因素,讲政治,顾大局,明确时间表和路线图,制定切实可行的整合方案和措施,加快推进整合全省"小片网"工作,尽快实现"全省一网"。

(三)接入安全稳定的节目信号源。各市、县广电行政部门要对辖区"小片网"信号源进行逐一排查,做到节目源可管可控。促进省广电网络公司与"小片网"合作商谈,倡导"小片网"使用当地广电网络公司的有线节目信号源,从源头上确保节目传输安全。对于通过自建前端接收卫星电视节目信号的,要依法向所在市地级广电行政部门履行卫星接收境内节目许可手续。对于不符合许可条件,无合法信号来源的,依法依规予以取缔。

(四)保障"小片网"弃管区域群众的收视权益。对"小片网"处于瘫痪和弃管状态、广电网络公司信号源又暂未通达的区域,属地广电行政部门要对广播电视信号覆盖重新进行规划,确保通过"直播星"卫星接收、无线数字电视覆盖工程等方式,满足此类区域群众的基本收视需求,提供多渠道全覆盖的广播电视公共服务。

关于黑龙江省少数民族非物质文化遗产系统性保护与传承的对策研究

黑龙江省社会科学院

近年来,黑龙江省非物质文化遗产(以下简称非遗)保护工作在挖掘、普查、抢救、保护、传承等方面取得了明显成效。始终坚持政府主导、社会参与、保护为主、抢救第一、合理利用、传承发展的方针和原则,非遗保障机制日益健全,先后出台《黑龙江省非物质文化遗产条例》《黑龙江省非物质文化遗产名录项目保护管理暂行规定》等一系列办法和意见;建立较为完备的四级名录体系和代表性传承人评审认定体系;保护方式方法逐步完善。在遵循非遗自身传承发展规律的基础上,创新管理模式,把项目名录保护作为非遗保护工作的主体,实施了记录式保护、活态式保护、研究式保护、传播式保护、生产性保护、整体性保护等多种保护方式。

黑龙江省是一个多民族散居的边疆省份,全省有 53 个少数民族,有10 个世居少数民族,即满族、朝鲜族、蒙古族、回族、锡伯族、赫哲族、鄂伦春族、鄂温克族、柯尔克孜族、达斡尔族。至今为止在已经公布的国家非遗五批名录和黑龙江省六批省级非遗名录中,少数民族非遗项目在我省非遗项目中占比重较大,这些项目是黑龙江省不可缺少的宝贵财富。因此,加强黑龙江省少数民族非遗的系统性保护与传承研究,不仅能够优化黑龙江省非遗产品的供给内容、供给形式,提高非遗的传播力度,带动文化资源的再生与传播,还能转换黑龙江省非遗的发展方式,解决黑龙江文化资源转向的重要问题。对于促进黑龙江省文化旅游有效融合,实现非遗与文化产业融合实践,推动黑龙江省非遗的可持续性发展具有理论指导意义和现实意义。

"十四五"时期,中国将进入全面建设社会主义现代化新发展阶段。随着人民生活水平的持续提高,文化建设必须摆在更加突出的位置。中国特色社会主义文化是中国国家现代化的基石。"十四五"时期,文化消费在整个国民经济和社会发展中的比重将更加凸显,其中如何保护、传承和开发利用好非遗是一项重大课题。《中共中央关于制定国民经济和社会发展第十四个五年规划和二〇三五年远景目标的建议》(以下简称《建议》)提出,"十四五"时期到 2035 年,中国的社会文明程度得到新提高,公共文化服务体系和文化产业体系更加健全,传承弘扬中华优秀传统文化,中华文化影响力进一步提升,要"加强文物古籍保护、研究、利用,强化重要文化和自然遗产、非物质文化遗产系统性保护,加强各民族优秀传统手工艺保护和传承"。《建议》要求对非遗加强系统性保护,"系统性保护"就是要把习近平总书记对中华优秀传统文化,包括非遗进行"保护传承和开发利用"的要求在规划纲要编制中具体落实。在习近平新时代中国特色社会主义思想指导下,非遗保护在理念上、实践上、需求上都有了新的发展变化,黑龙江省少数民族非遗系统性保护与传承也将面临各种新的挑战,需要在实践过程中进一步补充、细化和完善。

一、黑龙江省少数民族非遗保护与传承面临的困难和挑战

(一)非遗文化资源在创造性转化与创新性发展上能力不足

非遗与当代主流文化存在脱节,非遗与当代社会生活的距离在扩大。不注重改造和淘汰非遗中陈旧落后的观念或不适应现代文化生活的部分。没有根据新时代文化对少数民族非遗传统文化进行补充、扩展与完善。

(二)非遗政策执行的主体力量单一,社会参与度不够。

一是缺乏"政府导向"型的投入机制引导社会投资,民营资本介入少,融资渠道单一。二是少数民族非遗政策实施力度不够,后续力量缺乏。很多政策在实践的力度上不够,既缺乏人力资源与技术,也缺乏专项资金支撑。

（三）人才结构不合理，从业人员文化水平偏低

一是个别非遗项目传承后继乏人，传承人老龄化严重。如国家级项目"赫哲族伊玛堪说唱"已经被列入联合国教科文组织"急需保护的非遗名录"，如果不能得到及时有效的保护和传承，将会慢慢消亡。二是基层非遗人员存在配备少或身兼数职等情况，与当前非遗保护工作的紧迫性、复杂性、繁重性不协调，缺乏对非遗传承人有效的保护激励措施。三是既懂传统文化内涵，又懂产业化经营的复合型人才极度匮乏。

（四）少数民族非遗保护理论研究薄弱

一是少数民族非遗系统性保护与传承的研究不够。少数民族非遗保护的研究需要理论和政策的支持，黑龙江省少数民族基础理论研究和实践应用研究还在起步阶段，缺乏理论储备，相关的政策研究大多与实际的保护情况脱节。二是缺乏相应的从事非遗保护研究的专门人才，高校中很少设置相关的专业，研究机构较少进行少数民族非遗研究。

（五）少数民族非遗资源内涵开发不足，创新能力不足

一是少数民族非遗产品所蕴含的文化价值不高，传播渠道狭窄，传播形态单一，尚未完全发挥作为重要非遗资源载体的作用。二是很多少数民族传统工艺类非遗生产方式仍然停留在手工作坊阶段，缺乏与现代文化创意产业元素融合发展。三是品牌大众化程度不足，非遗旅游产品、工艺品、艺术作品表演等塑造知名品牌的能力不强。

二、黑龙江省少数民族非遗系统性保护与传承的建议

一些少数民族非遗项目虽然具有经济价值和市场发展潜力，但依然带有传统农业社会的深深印记，受传统农业经济环境影响，在现代市场经济环境中难以获得生机。以下将从六个方面探讨黑龙江省少数民族非遗系统性保护与传承对策，从而将非遗资源融入文化产业，借助文化产业的运营模式促进非遗在当代市场经济社会得到开发利用，最终实现系统性保护与传承。

（一）建立政府主导、社会参与的非遗保护长效机制

在《建议》指导下，政府需要进一步提出具体的实施政策和措施，发

挥统筹、协调作用,强化总体规划意识,注重配套设计,突出地域特色,实施积极的财政政策,鼓励支持探索各种市场化手段的使用,培育有利于保护、传承和开发利用的市场环境。建立健全少数民族法律法规和知识产权保护体系,实施法律保护,建立非遗保护长效机制。一是加强少数民族干部群众对非遗保护的意识。建议将保护工作纳入民族地区机关干部的考核项目中,使非遗由被动传承转变为主动传承。二是明确政府主体责任,加强统筹协调。各级政府文化旅游行政主管部门要从技术政策、外贸政策、财税政策和创新政策等方面,根据非遗保护与传承主体的不同,出台适合少数民族地区、文化企事业单位和民间组织的扶持细则。政府部门在非遗保护过程中,应充分尊重传承人的主体地位,主要发挥其统筹性、主导性和保障性的作用,通过购买服务、给予政策等方式发动社会力量全面参与到非遗保护工作中。三是拓宽扶持资金渠道。现阶段非遗的经费主要来源于政府,建议尽快完善和细化社会捐赠制度,形成"政府主导、社会参与"格局,广泛吸引民间的力量,鼓励商界和个人资助参与对非遗的保护。四是引进非遗管理、培训专业人才。建议文化职能部门招收非遗管理与开发利用的专业型人才,并给予相应的工资和编制待遇。

(二)加强整体性保护的深度融合

通过在时间向度上关注可持续性发展,在空间向度上建立文化生态保护区,对少数民族非遗加强区域综合开发的整体性保护。在少数民族非遗集中区域内建立文化生态保护区,对区域内的非遗及与其互相依存的物质文化遗产和自然遗产进行整体性的保护、修复,可以促进少数民族地区的整体、可持续发展。建议在制定一套科学、完善的保护措施的基础上,建立民族文化生态保护区、生态村、生态园、实验区,对非遗进行整体性保护,让非遗融入现代生活,在生活中自发存续,促进实验区非遗整体性保护的深度融合。现在我省已经设立了3个生态保护实验区,其中有1个少数民族生态保护实验区——赫哲族文化生态保护实验区,建议如果条件成熟可以继续设立鄂温克族、鄂伦春族等少数民族生态保护实验区。

(三)加快新媒体建设,促进非遗智慧化传承

一是通过互联网、智能终端等新媒体渠道的多路径传播,根据居住区

域和非遗的独特性、地域性和民族性带来的天然旅游元素,文旅紧密结合,精准定位传播对象。二是充分利用互联网、智能终端(手机、平板电脑等)、数字电影、微信、微博等新媒体扩大非遗的传播范围,降低非遗传播成本,加快非遗的传播速率,构建完整的黑龙江少数民族非遗新媒体传播链条。三是拓展数字传播渠道。建议加快少数民族非遗数字化保护体系建设,通过建立数字化传承基地优化传承机制,促进智慧化传承。除了利用业界通用的非遗数据库保存电子数据外,建议利用动作捕捉技术、智能录播技术实现非遗的动态记录,利用 3D 打印技术、三维建模技术实现非遗的产业设计,利用大数据实现非遗的优化资源配置和科学管理,利用数字非遗地图等实现非遗的广泛传播等,这样能够大大减少传承人的工作量,从而缩短周期、提高效率,最终实现智慧化传承。

(四)推进少数民族非遗学科共同体建设

非遗保护研究是伴随着非遗保护实践而发展的,非遗保护研究一直是非遗保护政策制定和实施的重要支撑。要重视培育专业人才,加强少数民族非遗传承教育工作,充分调动全社会积极性和创造性。一是培养具有专业知识、专业技能、专业精神的非遗保护工作队伍。建议加强少数民族传承人队伍的专业化建设,非遗保护工作部门为传承人制订研修研习培训计划,开展以传习所为主线,以学校、社区、家庭为辅助的活态传承体系。重视传承人为其提供继续文艺创造的周边生活保障,为其传授文化记忆提供有力的扶持性政策,以及申办技艺传授教学单位在政策上的扶持和奖励机制常态化,对有贡献的传承人和传承团体进行表彰、奖励,并提高补贴标准,扩大补贴范围。二是高校和研究机构参与非遗人才培养。建议在省内高校及研究机构中,在科学研究、设立学历教育、学科建设、社会服务、决策咨询等方面加强非遗保护和学科建设,设置非遗相关专业、设置省非遗专项基金项目,其中学历教育包括本科生教育、硕士研究生培养、博士研究生培养,以及传承人才的培养、进修。研究机构从非遗管理理论、少数民族的非遗分类保护制度、保护理论等方面进行学术性研究,做到政策研究与具体实践相结合。此做法可以在省内高校和研究机构推广。

（五）加强创新协同，倡导以意识建构引导自觉传承

从文化认同和文化关怀的角度培养少数民族非遗保护的自觉性，以公共文化发展实现协作共享。实施分类管理，依据濒危程度、外部性特点、文化类型等对非遗文化进行分类，并分类施策。一是通过建设非遗文化博物馆、博物馆收藏、教育课程设置、学校人才培养等，把非遗文化保护、传承和开发利用纳入公共文化和公共教育体系，在发挥其美育作用的同时，得到传承、发展和利用。二是通过统筹城乡、民族地区、特殊群体等的公共文化服务的"均等化"，促进非遗资源在社区民众间均等共享。三是推出票价补贴、剧场运营补贴等公益性演出补贴制度，促进少数民族传统表演艺术类非遗的大众传播。

（六）以文旅融合为契机，助推非遗产业升级

一是按非遗种类，对有产品输出和具备较强的产业化发展条件的传统美术类、传统技艺类非遗项目，进行产业化、创意化开发。建议重点打造赫哲族鱼皮画、桦树皮画等可以形成文创产品的项目和品牌，如同江市街津口乡赫哲族传承人注册了"赫哲故里""赫哲第一乡"等文化地域品牌。利用非遗元素通过项目传承人研发衍生品，生产出手工艺品、旅游产品、日常生活用品等，培育优势非遗文化品牌，拉动地方经济。建议对可产业化开发的项目，结合传习基地、个人工作室、民俗节庆活动、全国性非遗博览会、文化产业博览会、哈尔滨经贸洽谈会、黑河中俄文化大集、文化旅游景区和网上交易平台等开展生产性保护，加强与科技企业、科研院所、创意机构的协同，在民族地区培育一批生产性保护企业和示范基地，成为乡村农民增收的有效载体，也是实施乡村振兴战略的有效途径。因材施艺、因品制宜，积极引进现代机械和工艺，推动产业集约化、规模化发展。二是打造文化品牌，讲好中国故事，推进非遗旅游深度融合。建议将少数民族非遗项目与其他产业融合开发。在历史文化旅游景点处进行节日节庆活动、手工艺体验等，不断提高旅游产品文化内涵，使人们更容易接受非遗，打造景区亮点，达到双赢。如黑河市瑷珲区将历史故事、民间传说等融入景区景点解说词，推进兼具文化与旅游功能的新生原始部落体验区、岭上人博物馆、富拉尔基达斡尔族南迁广场等 18 个非遗文化旅

游项目。成立国家级、省级非遗传承人游客接待点和鄂伦春族家庭旅馆，组织开展"猎乡冰雪旅游季"活动，多角度展示了鄂伦春的非遗。年均接待国内外游客近3万人次，实现旅游收入近100万元。三是建议对一些特定类别非遗如民间舞蹈、民间音乐、口头传统等项目，采用演出方式进行表现，进而打造成文化品牌，将非遗同演艺产业、旅游产业的结合纳入一个完整的产业链中，实现同地方旅游业的深度结合。通过演艺的产业化运作，可以适度的对非遗原有的文化母题和文化内涵进行挖掘和丰富，使它更具时代性，更具在现代社会的竞争力。如《宋城千古情》借助白蛇娘子的传说，《印象·刘三姐》借助刘三姐的传说都是同演艺产业结合的经典案例。此外，建议民间音乐、民间舞蹈尝试走入剧院、音乐厅，将民间艺术与高雅艺术有机结合，使观众消费一种文化符号，获得一种文化心理的满足，这也成为非遗产业化研发的一个可行方向，可以促进非遗可持续发展。四是针对传统技艺类、民俗类和传统美术等非遗项目在黑龙江省博物馆中建立非遗馆展示、展演并开展非遗公众活动，强化博物馆非遗传承。

如何让少数民族非遗更好地与当代文化相适应、与现代社会相协调，保护传承民族精神，巩固深厚的民族根基，那就是制定科学的系统性保护与传承规划，采取切实可行的对策。在保护的前提下，通过合理的开发利用推动黑龙江省少数民族非遗文化传承和产业发展，造福于民，在乡村振兴和脱贫致富中发挥重要作用，这将对黑龙江省经济高质量的发展具有重要意义。

关于佳木斯市红色文化资源保护挖掘整理利用的问题研究

中共佳木斯市委宣传部

红色文化是以马克思主义为指导思想并结合中国传统文化而形成的极具中国特色的先进文化。它凝聚着中华民族由危亡走向新生继而迈向辉煌的历史文化,是中华民族优秀文化的重要组成部分,蕴含着厚重的历史底蕴和丰富的精神内涵。佳木斯市红色文化底蕴深厚,红色资源众多,为充分掌握佳木斯市红色文化资源总体情况,发挥红色文化资源优势,推动经济社会发展,中共佳木斯市委宣传部成立专项课题组,通过实地走访、问卷调查、座谈讨论等形式,就如何保护、挖掘、整理、利用红色文化资源进行了全面深入的调研,形成此报告。

一、佳木斯市红色文化资源概况

1. 红色文化底蕴丰富。佳木斯市长期以来都是一块红色革命热土,红色文化资源十分丰富。抗日战争时期,佳木斯作为东北抗日联军第六军的诞生地,抗联第三军、第六军的根据地,东北抗联 11 个军中 6 个军的战斗地,是抗联战斗的主要区域,在抗日斗争中逐渐形成了忠贞报国、勇于献身、团结御辱、休戚与共的"抗联精神"。解放战争时期,佳木斯市是合江省省会,是东北解放区的革命文化名城,在解放斗争中逐渐形成了艰苦奋斗、无私奉献的"东北小延安"精神。在中华人民共和国成立初期,佳木斯市作为以转业官兵和知识青年为主体的拓荒主战场,在开垦黑土地过程中逐渐形成艰苦奋斗、勇于开拓、顾全大局、无私奉献的"北大荒精神""知青精神"。

2. 红色历史遗存丰厚。长期的革命斗争在佳木斯市留下了大量珍贵的、不可再生的红色历史遗存。调研发现,现存红色遗址遗迹总数350个,其中重要党史事件和重要机构27个,重要党史及人物纪念设施53个,革命领导人故居4个,烈士墓114个(处),一般纪念设施53个,一般遗址遗迹99个,其中省级文物保护单位11个,市级文物保护单位2个,县级文物保护单位41个。此外,还有红色文件、文告、实物、回忆录等历史文物2800余件。以县(市)区为单位,全市红色文化资源分布情况为:富锦市6处、同江市7处、抚远市1处、桦川县88处、桦南县65处、汤原县163处、前进区8处、向阳区2处、东风区2处、郊区8处。

二、佳木斯市红色文化资源保护挖掘整理利用情况

根据习近平总书记关于"要把红色资源利用好、把红色传统发扬好、把红色基因传承好"的指示精神,近年来,佳木斯市采取了一系列措施,加强了对红色文化资源保护、挖掘整理和开发利用工作,取得了一定成效。

1. 坚持规制先行,红色资源发展规划日趋完善

发展规划是红色资源保护利用的制度保障。佳木斯市坚持以人民为中心的发展思想,坚持新发展理念,统筹推进红色文化资源保护利用,积极落实《关于实施革命文物保护利用工程(2018—2022年)的意见》和《黑龙江省文物保护利用改革实施方案》文件相关要求,及时将红色文化资源发展纳入当地经济社会发展中,同谋划、同部署、同推进。调研了解到,佳木斯市郊区将土地综合利用、智慧城市建设、红色文化资源开发等工作融入区域发展总体规划之中,将红色文化资源保护及利用充分融入经济发展建设中,编制了《郊区红色旅游产业发展规划》《郊区乡村旅游产业发展规划》等专项规划,构建了"总规＋专规"的规划体系。2020年6月中宣部、财政部、文化和旅游部、国家文物局公布第二批革命文物保护利用片区分县名单,佳木斯市桦南县、桦川县、汤原县、富锦市被列为第二批革命文物保护利用片区,各县(市)及时将红色文化资源发展纳入当

地经济社会发展中,积极研究出台红色文化资源发展相关制度。汤原县明确"革命印记、四地一乡、红色汤原、抗联之窗"战略定位,以发展壮大红色文化旅游为牵动,推动红色文化领域全面发展,带动国家级全域旅游示范县创建。

2. 坚持护建结合,红色资源基础设施提档升级

近年来,佳木斯市对红色文化设施的重视程度逐渐提高,保护完善红色建筑工作取得丰富成果。一是红色资源保护修缮及时。调研了解到,桦南县两次对社会公布县级红色文物保护单位,并下发红色文物征集通知,在全县范围征集红色革命文物 668 件/套,组成"寻找抗联密营调查组",在孟家岗镇发现抗联密营房址 1 处,备用抗联密营 3 处。开展保护碑、界桩树立工作,聘请专业测绘团队,划定文物保护单位生态红线。汤原县对省级爱国主义教育示范基地汤原县烈士陵园进行了修缮建设。郊区对刘英俊烈士墓、北四合村惨案遗址、二龙山村侵华日军碉堡遗址、五一村侵华日军飞机场遗址、莲江口镇苏联红军烈士纪念碑等进行修缮。同江市投入 1300 多万元,对省级文物保护单位拉哈苏苏海关旧址进行了修缮。二是红色场馆新建扩建加速。调研发现,桦南县新建建筑面积15900 平方米、具有现代化综合功能的"三馆一体"(博物馆、图书馆、文化馆)红色建筑,作为县级爱国主义教育示范基地免费向党员群众开放。汤原县结合发展红色旅游战略,建成了一批红色革命纪念场馆及抗联人物雕像、纪念碑。例如:汤原县博物馆、东北抗联密营遗址纪念馆、东北抗联将领雕像及群雕、中共汤原中心县委遗址纪念碑、东北人民革命军第六军授旗地纪念碑、抬车送粮地纪念碑,以及正在筹建抗联三军会师纪念馆、东北抗联革命根据地纪念馆。桦川县建设了冷云纪念馆、敬夫纪念馆、冷云广场。同江市新建了拉哈苏苏海关旧址历史文化广场、党史展馆、抗洪精神教育基地;投入 1100 多万元扩建了省级爱国主义教育示范基地同江市烈士陵园(胜利公园)、革命历史纪念馆。富锦市新建了抗日战争胜利纪念馆。向阳区新建了"红色九洲"党史馆。东风区新建了"长兴村红色文化村史馆""东风区造纸博物馆"。郊区投入 10 万元进行红色基础设施建设。同时,调研了解到,同江市将红色投资纳入财政预算,

计划投资 120 万元,建设伪满海军同江倒戈事件纪念碑、街津口抗日根据地纪念碑、苏联海军出兵东北登陆地纪念碑、"鲁民店惨案"纪念碑。前进区通过前期综合调查,拟恢复合江省政府旧址原貌并开发建设城市历史展览馆,拟在东北银行旧址基础上建设钱币博物馆项目,计划对侵华日军特务机关旧址进行修缮、恢复原貌,加强保护。

3. 坚持挖创并举,红色精神时代内涵充分诠释

近年来,佳木斯市深入挖掘"抗联精神""北大荒精神""东北小延安精神""知青精神",积极打造红色文化地域品牌,取得了一定成效。一是红色史料挖掘不断深入。调研了解到,佳木斯市大力推进重点红色历史文化研究工程,出版了《三江抗战文丛》《三江人民抗日斗争历史丛书》和《东北小延安文丛》。汤原县整理出版了《中共汤原县党的活动纪事》、《汤原县革命遗址遗迹博览》、《汤原县志》(1905-1990 年)、《汤原文史资料》(第一、二辑)、《红色汤原》、《汤原博物馆文物精品概览》等红色史料。同江市编辑出版了《同江革命斗争史》。郊区出版了《郊区抗战铁史》,挖掘红色故事 20 余篇。二是红色精品不断涌现。调研了解到,佳木斯市创作了大型文献历史纪录片《铁血三江》《决战黎明》,其中《铁血三江》已在中央电视台和省电视台播出,近期正在积极编排大型话剧《冷云》。汤原县创作了评剧《红色交通站》、快板书《说抗联》、舞蹈《红星照我去战斗》,全县共创作红色文学、歌曲、绘画、摄影等作品 5000 余篇(件)。桦川县创作了《行走的北大荒》《光阴的故事》《隐没在松花江畔的英雄》《瓦里霍吞古城的前世今生》等红色文学作品,以及红色舞台剧《天边那朵美丽的云》;出版了《血色花季》(合著)、《血色玫瑰》等纪实散文集;创作了《毛主席画像》《伟人画像》《八女投江》等红色米画作品,入选佳木斯市非物质文化遗产名录。富锦市拍摄了红色电影《常隆基》、纪录片《迷局》。郊区组织了"红色寻根之旅"采风活动,创作红色歌曲 18首,诗歌、散文 120 余篇。

4. 坚持宣教齐抓,红色基因传承脉络深度延伸

调研发现,佳木斯市现有省级爱国主义教育示范基地 10 处,市级爱国主义教育示范基地 2 处。佳木斯市积极将现有红色资源与革命传统教

育、爱国主义教育进行紧密融合,充分发挥红色资源的教育作用,大力传承红色基因,弘扬红色文化,坚定干部群众理想信念。一是红色活动载体丰富。调研了解到,汤原县将抗联密营作为革命传统教育、爱国主义教育的活动基地,组织大批青年学生参加"重走抗联路"实践活动,在抗联密营多次举行入团仪式和宣誓活动。开展《永恒的丰碑》雷锋精神专题展、"红色记忆——红色革命文物展",依托省级爱国主义教育示范基地汤原县博物馆,举办了第七届红色文化艺术节、红歌会、红色旅游摄影大赛,组织了"品读精品书籍、讲述汤原故事、弘扬三种精神"演讲比赛。同江市充分发挥省级爱国主义教育基地和干部党性教育现场教学点的作用,积极举办各项丰富多彩的红色展览活动。富锦市开展了红色歌曲大家唱、万人红歌大合唱、红歌汇演、英雄故事我来讲、红色作品征集、红色书画摄影展、文艺演出等活动。二是红色宣传效果明显。调研发现,桦南县深入宣传中国农民第一次有组织的武装反抗日本侵略者事件——土龙山暴动事件,将土龙山暴动基地作为县级爱国主义教育基地,每年吸引大批的党员干部和人民群众来到这里回望历史、缅怀先烈、接受红色精神洗礼。汤原县各学校在宣传栏、黑板报、校园橱窗对汤原红色文化内涵进行宣传阐释,汇编了《红色足迹》校本德育教材,实现红色抗联文化进课堂。向阳区以"红色九洲"党史馆为依托,打造了"红色服务践初心、红色联盟汇初心、红色管家筑初心、红色文化育初心"红色文化品牌,建立了延芳党员志愿服务之家,并在公园和部分社区设立了"延芳党员志愿服务驿站"开展红色志愿服务,让红色精神深入人心。疫情期间,富锦市积极推进市博物馆和抗战胜利纪念馆的线上开放,线上对广大人民群众开展爱国主义教育、革命传统教育。

5. 坚持文旅同创,红色资源开发利用多元融合

佳木斯市围绕区域红色文化资源,加强与区位地理、绿色生态、人文历史、民族风俗、季节冰雪的深度融合,精心打造红色旅游线路、开发红色文创产品、完善景区服务设施,有力推动了红色旅游产业发展。一是红色旅游品牌效应增强。调研了解到,桦南县依托"重走抗联路"红色旅游品牌,充分利用七星峰革命遗址丰富红色资源,加快景区建设,提升景区质

量,每年吸引近30万游客到革命遗址接受理想信念教育、爱国主义教育和廉政教育。郊区全面推动旅游品牌升级,打好"生态、民俗、红色、冰雪、康养"五张牌,实施旅游基础建设、景区升级、人才培养"三项工程",重点围绕红色旅游品牌建设与文化旅游公司展开深入合作。二是红色旅游项目日益多元。调研发现,汤原县深度开发"红色+"项目,依托亮子河抗联六军密营遗址、老登山抗联西征出发地、抗联六军授旗地遗址、十二烈士牺牲地等丰富红色文化资源,推出红色餐饮旅游、红色休闲、野外生存体验等旅游项目;创建了抗联精神教育基地,开发了多种研学主题线路。借助全省扶持贫困村发展红色旅游产业项目机遇,投融资近1.2亿元重点打造了7个集住宿、餐饮、采摘、旅游观光于一体的各具特色的旅游村,直接带动350余人实现就业,带动贫困群众人均增收900元。同江市积极打造"漫步百年口岸""红色抗联""讲好同江故事""特色研学"旅游线路,开发各类红色项目,有效拉动当地经济增长;打造的同江市知青园将旅游民宿和扶贫产业项目进行有效融合,带动全村及周边发展知青经济,取得了良好效果。

三、面临的主要问题

调研了解到,佳木斯市红色文化资源在保护、挖掘整理和开发利用各方面,均不同程度存在一些困难和问题,主要有以下四方面问题:

1. 保护意识不强烈,规划相对滞后

由于对红色文化资源在弘扬红色文化、传承红色基因、提供精神动力、发展文化产业等方面的重要作用认识不够,导致保护红色文化资源的意识还不强烈,相关工作开展相对滞后。有的县(市)对本辖区红色文化资源掌握情况不清、底数不明。未将本辖区红色文化资源的保护、挖掘整理和开发利用工作列入议事日程,缺乏发展规划和保护性制度,保护开发工作相对滞后。

2. 资金投入有限,遗址遗迹破损严重

由于市、县两级财政困难,对红色文化资源相关的保护管理和开发利用资金投入有限,以及受自然损害、历史原因和人为破坏影响,红色遗址遗迹损毁问题比较突出,特别是未列入文保单位的红色遗址遗迹受损严重,甚至灭失。全市现存红色遗址遗迹中,除已纳入国、省文物保护单位和爱国主义教育示范基地管理部分,能得到较为妥善的管理维护和开发利用外,多数尚处于待保护和待开发利用状态。

3. 挖掘力度不大,数字化程度较低

因长期缺乏专业队伍和人才,导致对红色历史资源挖掘的不够深透,一些史实掌握得不够翔实,考证不够确切,佐证不够有力,没有形成全面的、系统的红色资源体系。对"抗联精神""东北小延安精神"挖掘不深,创作的文学艺术精品不多。对有重要影响的红色历史人物故居没有深入挖掘出来,没有形成展厅。红色资源数字化程度较低,红色遗址遗迹、红色文物、红色历史人物数字化展示还处于空白。

4. 开发利用手段单一,红色品牌效应不强

由于资金和人才长期缺乏,导致佳木斯市红色旅游开发程度不高,基础设施建设不足,配套设施不健全。红色旅游模式比较单一,多为静态展示,游客参与性、互动性较少,吸引力不足;文创产品种类单一、质量不高,影响力不够;依托资源禀赋开展红色研学游还未广泛铺开;红色旅游宣传推介不足,品牌效应不突出,红色文化品牌引领作用发挥不明显,红色遗址遗迹、红色史馆、爱国主义教育示范基地作用发挥不强,红色实践活动开展不够多、影响不大。

四、对策及建议

1. 提高重视程度,完善保护利用机制。红色文化资源的保护、挖掘、整理、利用工作具有长期性和复杂性,要积极探索行之有效的红色文化资源立法保护途径和模式,制定施行红色文化资源保护利用相关条例,通过法律对红色文化资源保护利用进行指导和规范。要坚持"有效保护、合理利用、加强管理"的原则,建立市、县两级红色文化资源会议制度和协调工作机制,定期召开联席会议,协调解决困难和问题。要加强引导,把红色文化资源的保护、挖掘、整理、利用工作纳入县(市)区绩效考评的工作范围。加快编制红色文化资源发展规划,将红色文化发展纳入当地经

济社会发展中,统筹协调辖区红色文化资源发展。要加大资金投入力度,研究建立红色文化资源经费保障的长效机制,纳入各级财政预算,及时开展日常维护和修缮工作。

2. 摸清资源实情,分类分批实施保护。要组织开展红色文化资源摸底调查工作,进行编辑整理、统计造册和分类归档,做好红色资源的数据库建设。要建立红色资源定期排查机制,把新发现的红色资源纳入保护范围,分类落实保护措施。对具有保护价值的红色资源,要抓紧挂牌、修缮或立碑保护;对濒临消失的重要遗址,要尽快抢修和保护;对应列入文物保护范围的,要及时列入文物保护范围;对那些濒临倒塌的红色文保单位,尽快制订保护方案,抓紧进行修葺抢救。

3. 加强挖掘研究,彰显红色文化独特魅力。要加大对红色文化资源的挖掘、整理、研究力度,通过组织专家、学者实地考察、实地考证、充分论证,掌握详实准确可靠的史料,梳理出系统、全面的佐证材料。要借助党的重大历史事件和重要历史人物纪念活动,有针对性地举办“抗联精神”“东北小延安精神”红色文化创作活动,深入阐释红色文化的深层次思想内核和新时代内涵,通过文艺作品激发党员干部群众不断开拓奋进的决心和信心,着力打造一批具有艺术性、思想性、观赏性的文艺精品,彰显本辖区红色文化的独特魅力。

4. 创新活动载体,提升红色文化活动影响力。要创新宣传教育载体,丰富宣传教育内容,通过举办红色题材图片展、书画展、党史宣讲、学术研讨会、征文或知识竞赛等,多种形式深入广泛开展爱国主义和革命传统教育活动。要充分运用现代科技成果,借助各类现代传媒,认真做好“互联网+”这篇文章,探索运用大数据、云计算等新技术,提高红色资源数字化程度,探索建立数字红色资源网、数字化展馆,将本辖区红色遗址遗迹、红色文物、红色历史人物进行数字化展示、VR全景展示。要全方位拓展宣传领域,持续增强红色文化的传播力和影响力。建设以“三微一端”和抖音、快手为代表的移动平台,更全面、便捷、精准地宣传红色文化,把红色故事讲述好,把红色精神弘扬好,把红色基因传承好。

5. 加快项目建设,活化红色文化旅游产业资源。要坚持“在保护中开发,在开发中保护"的原则,把保护红色遗址遗迹工作与发展红色旅游项目结合起来,旅游项目建设要同红色遗址遗迹建设相得益彰。要加大对红色旅游项目投入力度,加快红色旅游项目建设,鼓励引导社会资本参与红色资源开发利用,探索多元融资渠道,释放红色产业活力。要围绕打造"区域文化旅游中心",依托地缘优势,挖掘区域抗联文化、东北小延安文化、知青文化、赫哲文化等特色文化资源,开发红色文化 + 研学游、生态游、跨境游、体验游、冰雪游等项目,创新旅游模式,探索增加游客参与性、互动性活动项目,增加趣味性,提高吸引力,加深红色体验。要深入挖掘有重要影响的红色历史人物故居,丰富红色景点。要加强文创产品创作,丰富文创产品种类,提高文创产品质量,通过组织开展优秀文创产品征集、展示、宣传活动提高文创产品影响力。

6. 加强队伍建设,提高服务管理水平。要探索出台队伍建设相关文件,从制度上保障场馆、基地有人保护、有人管理、有人讲解。要在职能部门的班子配备、人员编制、队伍培训和职工待遇等方面给予更多的政策倾斜和财政支持,通过提高政治待遇、经济待遇,留住专业研究人员、留住管理宣传队伍。要以"请进来、走出去"的方式,加大对管理和专业技术人员的培训力度,积极培养建立红色文化后备人才队伍,不断提高从业人员的整体素质、业务能力和管理水平,加强对红色文化资源保护、挖掘整理和利用的指导、监督。要充分发挥红色文化志愿者作用,打造一支能够勇于担负红色文化资源保护、挖掘整理和利用使命的红色志愿服务队。

关于伊春市创建国家森林城市的路径研究

中共伊春市委宣传部

为深入践行习近平生态文明思想,推进伊春全面绿色转型高质量发展,推进伊春重点国有林区林业现代化建设,让"老林区焕发青春活力",市委、市政府把创建国家森林城市作为载体和抓手,通过塑造布局合理、生物多样、景观优美、特色鲜明、功能完善的伊春城市新形象,打造宜居宜业宜游的美丽城市,力求让居民充分享受生态文明建设成果,实现"让森林走进城市,让城市拥抱森林"的美好愿景,把伊春建设成为"森林里的家"。

一、伊春市创建国家森林城市的背景

党的十八大以来,党中央把生态文明建设摆在关系人民福祉、关乎民族未来的高度,纳入"五位一体"总体布局,将"绿色发展"列入五大发展理念,把坚持"人与自然和谐共生"纳入新时代中国特色社会主义基本方略,把建设绿色城市、森林城市列入国家"十三五"规划纲要、国家新型城镇化纲要、国家中长期改革实施规划的重要内容,标志着森林城市建设已上升到国家发展战略层面。

基于这样的大背景,开启林区现代化建设新征程,进入新发展阶段,如何推动伊春城市发展向更高层次、更高水平迈进? 依据《国家林业局关于着力开展森林城市建设的指导意见》(林宣发〔2016〕126 号)和《国家森林城市评价指标》,结合林区多年建设发展累积的森林资源基础和生态优势,伊春市提出创建国家森林城市,是全市上下站在践行绿色发展

理念、增进人民福祉、厚植发挥优势的高度做出的战略抉择。

二、伊春市创建国家森林城市的必要性

（一）伊春市创建国家森林城市是贯彻习近平生态文明思想的生动实践

实践证明，党的十八大以来，生态环境质量明显改善，美丽中国建设迈出坚实步伐。我国生态文明建设取得显著成效，与习近平生态文明思想的科学指引密不可分。伊春市作为我国东北地区天然生态屏障，在推进生态文明建设、维护国家生态安全方面肩负着不可替代的重任，坚持把生态保护与建设放在优先位置，发挥好在全国生态大局中的战略性作用，是我们必须肩负起的使命担当。进入新发展阶段，如何保持加强生态文明建设的战略定力？伊春市创建国家森林城市就是贯彻习近平生态文明思想的生动实践。要把创建国家森林城市，放到与发展经济、保障民生同等重要的地位，按照习近平生态文明思想提供的思想论和方法论推进生态文明建设，用系统思维对山水林田湖草进行统一保护、统一修复，促进小兴安岭森林资源总量持续增加、生态功能持续增强、生态保障能力持续提升，实现经济社会发展与人口、资源、环境相协调，与生态环境保护协同共进，走出一条人与自然和谐共生的绿色发展道路。

（二）伊春市创建国家森林城市是顺应群众期盼、增进民生福祉的迫切需要

习近平总局记强调，"与全面建成小康社会奋斗目标相比，与人民群众对美好生态环境的期盼相比，生态欠债依然很大，环境问题依然严峻，缺林少绿依然是一个迫切需要解决的重大现实问题"。良好生态环境是最公平的公共产品，是最普惠的民生福祉。城市生态环境状况能直接反映领导干部的事业心、责任感，是否真正热爱这个地方。要坚持以人民为中心的发展思想，深入理解"环境就是民生，青山就是美丽，蓝天也是幸福"深刻内涵，通过国家森林城市创建，不断满足林区群众对生态环境质量提高的热切期盼，加快补齐森林城市建设的短板，让森林走进城市，用

绿色装点城市,建设"城在林中,林在城中"的森林城市,让"创森"成为惠及林区群众的绿色福利,真正做到为群众造福。

(三)伊春市创建国家森林城市是推进林区全面绿色转型的内在要求

国家森林城市是城市综合竞争力的重要体现,也是展示对外形象的"金字招牌"。很多城市都十分重视森林对提升城市竞争力的作用,都在争创森林城市。经过多年生态文明建设的累积,伊春市具有创建国家森林城市的条件和优势。但是,对照创建国家森林城市的目标要求,伊春市的城乡绿化覆盖率不高,城区绿化率32.9%,乡村绿化率21.5%,林场所绿化率23.5%,城乡绿化规划还不够完善,城乡整体绿化进展有所滞后。当前全市正处于"大转型、大改革"的关键时期,城市作为经济转型发展最重要的空间载体,进入新发展阶段,需要步入转型升级的关键突破期。党的十九届五中全会通过的《中共中央关于制定国民经济和社会发展第十四个五年规划和二〇三五年远景目标的建议》提出,"促进经济社会发展全面绿色转型",而创建国家森林城市就是推进伊春市全面绿色转型的一个有力抓手。要在生产、分配、流通、消费各个环节,以及产业、能源、运输、生活各个领域,从生产方式绿色转型和生活方式绿色革命两个方面协同发力,使林区绿色转型的领域范围更广、转型程度更深。只有这样,才能扬长避短,迎头赶上,把这项事关大局、造福后代的大事好事抓紧抓实、抓出成效。

三、伊春市创建国家森林城市的 SWOT 分析

对伊春市创建国家森林城市自身所具有的优势(Strength)和劣势(Weakness),所处环境中的机遇(Opportunity)和威胁(Threat)进行全面分析,有利于更好地了解伊春市创建国家森林城市目前所处的宏观与微观局面,从而提出针对性较强的对策建议。

(一)优势(Strength)

1. 生态环境质量优良

伊春作为全国重点国有林区、重点生态功能区,林业施业区面积 400

万公顷,森林覆被率高达84.7%。小兴安岭森林中负氧离子含量平均达到每立方厘米15700多个,尤其是在城市化、工业化加速,生态灾难频发的今天,更加凸显了地球上这块"祖母绿"生态环境质量的优良,伊春市也因此获得了"天然氧吧"的美誉,得天独厚的环境优势为创建国家森林城市奠定了先天条件。

2. 生态资源丰富多样

伊春市内"山水林田湖"俱全,生态资源非常丰富。地貌类型多样,全市分布着大森林、大湿地、大湖泊、大熔岩、大界江等。小兴安岭林海中生物种类繁多,生长着1390多种植物,栖息着300多种野生动物,尤其是分布着亚洲面积最大、保存最完整的红松原始森林,是名副其实的"红松故乡""祖国林都",为创建国家森林城市奠定了坚实的资源基础。

3. 城市品牌独具特色

经过多年的不懈培育,伊春市的城市品牌影响力、美誉度显著提升。近年来,全市先后获得了国家级园林城市、全国绿化城市、全国文明城市、国家卫生城市等殊荣,尤其是成功承办了第二届全省旅游产业发展大会后,"林都伊春·森林里的家"品牌开始叫响,绿色符号更具魅力,为创建森林城市积累了宝贵经验和无形资产。

4. 地域文化底蕴深厚

伊春市不是改革开放的前沿城市,不是历史悠久的文化名城,也不是有浓郁特色的民族风情城市,但是生产生活战斗在这片森林上的林区人,创造了底蕴深厚的地域文化,主要有远古的恐龙文化、神秘的金祖文化、丰富的采金文化、浓郁的鄂伦春民族文化、闪耀着红色之光的抗联文化,以及在开发建设过程中蕴育的红松文化、马永顺精神和伊春精神等,为创建国家森林城市营造了底蕴深厚的人文氛围。

5. 优美生态环境需要增长

随着经济发展和生活水平提升,"小康 + 健康"的"双康"时代到来,人们的基本诉求与消费趋势也在发生深刻变化,从追求"温饱"转变为注重"环保",从在意"生存"演绎为追求"生活"和"生态"。而创建国家森林城市不但可以提供优质生态产品,还能满足人民日益增长的优美生态环境需要,为创建国家森林城市构建了价值认同。

(二)劣势(Weakness)

1.气候条件刚性制约

伊春位于东经 127°42′至 130°14′,北纬 46°28′至 49°21′,独特的地理位置决定了伊春的气候类型,属北温带大陆性季风气候,冬季漫长而寒冷。这在很大程度上影响了森林生态旅游、苗木花卉等绿色产业的发展,更把造林绿化仅仅限制在短暂的春季。

2.经济总量较小

伊春市属于欠发达城市,政企合一体制产生的历史遗留问题较多,体制机制障碍没有完全破除,市场主体有限,产业层次不高,经济活跃度较低,发展不够充分,导致经济总量较小,不可避免地影响到对国家森林城市创建的资金投入。

3.建设指标存在弱项

对照《国家森林城市评价指标》,伊春市为地级市,创建国家森林城市需完成森林城市网络与健康体系、森林城市生态福利体系、森林城市生态文化体系、支撑能力建设体系四大工程体系 36 项指标建设任务。经规划编制单位调研分析,目前伊春市国家森林城市建设指标达标情况如下:

序号	达标情况	指标列示
第一种	已有 23 项指标达标	——
第二种	尚有 6 项指标未达标	城区绿化覆盖率
		城区公园绿地服务
		公园免费开放
		道路绿化
		乡村绿化
		乡村公园

续表

序号	达标情况	指标列示
第三种	还有 7 项指标待建设提升	城区地面停车场绿化
		森林质量提升
		生态宣传活动
		公众态度
		示范活动
		规划编制
		档案管理

（三）机遇（Opportunity）

1. 中央、省政策有力推动

"要着力开展森林城市建设""要持续推进森林城市建设、森林乡村建设,着力改善人居环境"习近平总书记作出这样的重要指示,充分体现了党中央对森林城市建设的高度重视,并且党中央一系列重大决策部署赋予森林城市建设重要任务。国家林业和草原局生态保护修复司对伊春市建设国家森林城市予以备案,并提出希望和要求;黑龙江省林业和草原局在《关于伊春市申报创建国家森林城市的复函》中,在支持伊春市申报创建国家森林城市的同时,还提出了编制创建规划、注重创建实效、广泛开展宣传三点意见。这为伊春市广大干部群众提供了精神支撑,必将有力地推动伊春市国家森林城市的创建。

2. 冬奥会筹办契机

随着冬奥会宣传氛围的日益浓厚,"冰雪 + "活动将会随之升温。贯彻落实"绿水青山就是金山银山,冰天雪地也是金山银山"发展理念,结合习近平总书记在北京 2022 年冬奥会和冬残奥会筹办工作汇报会上的重要讲话精神,伊春市应以响应冬奥会筹办为契机,以"在首都看冬奥,到林都玩冰雪"为创意主线,以"冰雪欢乐节"为载体,结合小兴安岭的自然环境、气候条件以及社会需求等因素,谋划推动国家森林城市创建的思路,努力在交通、环境、产业、公共服务等领域,为林区群众提供生态福利。

（四）威胁（Threat）

新冠肺炎疫情带来不确定性风险。新冠肺炎疫情突然发生且仍在持续，由于疫情防控需要，居民出行受限，交通管制，复工推迟，物流滞后等，新冠肺炎疫情形成的不确定性风险，在消费、投资、进出口等方面对伊春发展形成冲击。推进国家森林城市创建当然也不例外，今年受疫情影响，全市造林绿化时间紧、任务重，错过春季造林绿化的宝贵时机，带来的损失是无法弥补的。新冠肺炎疫情的持续存在带来的不确定性风险，增加了国家森林城市创建的难度，延缓了国家森林城市创建的进度。

四、伊春市创建国家森林城市的主要思路

（一）创建实施范围

围绕生产——生活——生态这个发展脉络，在全市各县（市）区和伊春森工集团及所属各林业局公司，全面开展国家森林城市创建活动。

（二）指导思想

坚持以习近平生态文明思想为指导，深入贯彻落实习近平总书记关于"持续推进森林城市、森林乡村建设，着力改善人居环境"的重要指示和对全市的特指要求，牢固树立创新、协调、绿色、开放、共享的发展理念，以生态建设为主题，以改善城乡生态环境、增进居民福祉为目标，充分发挥伊春林区森林生态优势，统筹推进山水林田湖草综合治理，加快城乡一体化建设，构建完备的城市森林生态系统，逐步把伊春市建设成为具有鲜明地域特色、生态宜居宜业宜游的国家森林城市。

（三）基本原则

1.坚持生态优先、绿色发展

把生态文明建设放在全局工作的突出位置，以绿色发展为引领，合理开发利用生态资源，严守生态保护红线，大力推动林区全面绿色转型，促进思维方式、生产方式、生活方式、消费方式绿色化，形成绿色发展新格局，坚定走生产发展、生活富裕、生态良好的文明发展道路。

2.坚持以人为本、森林惠民

找准森林城市创建与市场主体、居民的利益平衡点，尊重当地居民的意愿，充分调动居民的积极性、参与性和创造性，着力解决群众的切身利

益问题,切实增进民生福祉,确保森林城市创建的成果惠及居民。

3.坚持保护优先、遵从自然

把生态保护与建设放在优先位置,遵守自然规律,加大生态系统保护力度,处理好生态保护与经济社会发展之间的关系,用最严格的制度、最严密的法治来守护绿水青山,维护生态安全,保障绿色发展,实现人与自然和谐共生。

4.坚持城乡统筹、整体推进

树立全域创森理念,坚持全市一盘棋思想,统筹考虑城市、乡村(林场所)的生产、生活、生态空间,把国家森林城市创建与森林乡村、美丽林场所建设有机结合,使城乡绿化与城乡建设同步规划,同步实施,推动城市核心区与乡村(林场所)协调发展,努力构筑支撑林区永续发展的森林生态系统。

5.坚持科学规划、注重实效

尊重城市发展规律,科学规划森林城市创建,注重功能定位,融入林区地域特色,体现独特的城市印记,既具有前瞻性,又具有可行性,通过逐步实施、精打细算地搞建设,达到预期的目标,取得创建实效,使城市面貌焕然一新。

6.坚持政府主导、全民参与

政府发挥主导作用,推动各部门责任落实,以及全民参与,建立国家森林城市创建的长效机制,充分调动各方面推动创建工作的积极性,形成全民共建共享的工作格局。

(四)明确工作目标

编制伊春市创建国家森林城市工作目标一览表。

序号	目标层级	目标表述	备注
1	总体目标	通过10年建设,持续增加森林绿地总量,不断提升森林建设质量和服务功能,城乡生态面貌明显改善,人居环境质量明显提高,居民生态文明意识明显增强,把伊春市建设成为"城在林中,林在城中"的绿色森林城市。让人们看得见山、望得见水、记得住乡愁,实现城市让生活更美好的目标。	

续表

序号	目标层级	目标表述	备注
2	具体目标	城市森林网络 12 项	按照《国家森林城市评价 60 指标》，创建国家森林城市要完成五大类 36 项指标。
		城市森林健康 8 项	
		城市生态福利 6 项	
		城市生态文化 5 项	
		城市组织管理 5 项	
		主要建设指标如下：	一是按照《伊春市国家森林城市建设总体规划》，来组织实施。二是具体工作任务按照批复的《伊春市国家森林城市建设总体规划》各项建设内容及时进行调整、充实、完善。
		各县(市)区城区绿化覆盖率达到 40% 以上，人均公共绿地面积达到 12 平方米以上，主干路、次干路、林荫道路绿化覆盖率达到 60% 以上。	
		市中心城区树冠覆盖率达到 25% 以上，其他各县(市)区城区树冠覆盖率达到 20% 以上。	
		乡村(林场所)道路绿化率达到 70% 以上，村庄林木绿化率达到 30% 以上。	
		铁路、县级以上公路，适宜绿化的道路绿化率达到 80% 以上。	
		江、河、湖、库等水体岸线适宜绿化的水岸绿化率达到 80% 以上。	
		重要水源地森林覆盖率达到 70% 以上。	
		城区乡土树种使用率在 80% 以上。	
		公园绿地 500 米服务半径对城区覆盖率达到 80% 以上。	
		建立完善的有害生物和森林火灾防控体系，划定生态红线，未发生重大涉林犯罪案件和公共事件。	

五、伊春市创建国家森林城市的对策分析

"生态保护怎么样、转型发展怎么样、群众生活怎么样"，这是习近平

总书记在考察伊春市时提出的叩问林区干部群众心灵的三大问题。四年多时间过去了,进入新发展阶段,"十四五"时期已开局,通过采取切实有效的措施推进国家森林城市创建,续写好"林区三问"新答卷,在建设现代化新伊春的同时,促进人与自然和谐共生的现代化,努力实现让老林区焕发青春活力的政治嘱托。

(一)坚持强基导向,持续推进国土绿化,加强森林网络建设

抓国家森林城市创建就是抓生态文明建设,在诸多工作中,要贯彻落实《伊春市城市绿化条例》,把国土绿化作为创建国家森林城市的基础性工程来推进,在筑牢伊春生态底色的同时,努力构建城区园林化、城郊森林化、通道林荫化、农田林网化、乡村林果化、矿区植被化的城乡一体绿化新格局,让绿色成为林都伊春的最醒目注脚。

1.实施中心城区增绿工程,突出地域特色

一方面,提高中心城区造林绿化水平。通过开展公园绿地、林荫道路、森林社区、林荫停车场等城市绿色空间建设,加强中心城区绿化美化,坚持宜绿则绿原则,科学设置绿化带,强化绿地率指标管控,做好"小转角"绿色化设计,全面提升城市绿化水平。改造现有林相,形成多树种、多层次、多色彩的森林结构和森林景观。以乡土树种和花卉增绿为主,合理调控林分密度,注重乔灌草搭配比例,突出"林都伊春"地域特色,形成"推窗见绿、行路有荫、提鼻闻香、举目望景"的城市景观。

另一方面,开展园林式绿化创建活动。着力推进森林绿化进机关、进企业、进小区活动,采取拆墙透绿、拆违建绿、见缝插绿等方式进行绿色美化,不断改善周边环境,打造园林式单位(小区)。从而全面提升城区绿化水平与人居环境建设,并达到国家森林城市建设标准。

2.实施环城绿化建设工程,加强生态修复

加大城市及周边荒山荒地、矿区废弃地、不宜耕种地等闲置土地的治理,加强生态修复,建设环城片林,形成城市生态涵养区。

3.实施绿色廊道建设工程,增秀自然风光

开展城区绿道、小镇绿道、国家森林绿道建设,构建完善的绿道网络体系。通过对高速公路、国道、省道等主要交通干道绿化,使适宜绿化道

路路段的绿化率达到80%以上,促进道路绿化建设与大森林、大湿地、大湖泊、大熔岩、大界江等自然风光的有机结合。重点在新建改建公路、铁路和河流两岸,加强绿色系统建设,提高绿化标准,扩大绿化规模,提升绿化档次,营造绿色美观的生态廊道。

4.实施森林村镇工程,改善生活环境

一方面,围绕美丽乡村(林场所)建设,在村庄(林场所)外围营造围村(林场所)片林,在公共场所、内部道路和房前屋后等地进行立体式绿化美化。

另一方面,注重建设村镇(林场所)公园和村镇(林场所)成片森林,合理配置村旁、路旁、水旁、宅旁"四旁"绿化的常绿树和花卉比例,实现村(林场所)内园林化、村(林场所)外森林化,以改善村民、职工的生活环境,拓展乡村(林场所)公共生态游憩空间。

(二)树立系统观念,维护森林生态系统稳定性,促进森林健康

党的十九届五中全会通过的《建议》,在阐述"十四五"时期经济社会发展必须遵循的原则时提出"坚持系统观念";习近平总书记也曾强调:"生态是统一的自然系统,是相互依存、紧密联系的有机链条;山水林田湖草是生命共同体,这个生命共同体是人类生存发展的物质基础。"这些重要论述,为林区加强生态治理,提供了重要遵循。

1.实施小兴安岭森林保育工程,促进可持续发展

通过实施中幼龄林抚育、人工造林、改造培育等营林举措,结合天然林保护工程、国家储备林建设、山水林田湖草生态保护修复工程,持续加强森林保护修复力度,筑牢生态安全屏障,提升生态系统的质量与稳定性,在形成城乡一体、田林交错、点面结合、多层次、立体化的城市森林生态系统的同时,促进小兴安岭森林资源可持续发展。

2.实施生物多样性保护工程,提升生物安全管理水平

实施生物多样性保护工程,开展自然保护区建设,湿地保护和修复,加强对伊春林区生物多样性和生态系统的保护。结合全省自然保护地整合优化工作,在完成全市自然保护区调查摸底和相关信息数据填报的同时,做好生物多样性基础监测和调查工作,及时掌握小兴安岭生物多样性

动态变化趋势;加强对野生动植物保护管理监督,严厉打击乱捕滥猎野生动物行为,为野生动植物的繁衍生息创造安全生长环境;加强地方立法,用最严格制度、最严密法治推动生物多样性保护工作的有效开展。

3. 创新生态保护机制,织密"森林资源保护网"

以新观念、新思路来谋划林区生态保护。认真落实《黑龙江省天然林保护修复制度实施方案》,围绕生态区位重要性、自然恢复能力、生态脆弱性、物种珍稀性等指标,尽快将小兴安岭的天然林划分为保护重点区域和保护一般区域,明确各级政府应承担的天然林保护修复主体责任,落实行政首长负责制和目标责任考核制;全面建立"林长制",围绕林地政策、造林模式、管护方式等方面进行创新,积极推广"政府引导,企业、大户、合作组织相结合,全民共同参与"的生态保护机制,促进科学化、市场化;严格执行《伊春市生态环境和资源损害责任追究联席会议制度》等,给干部戴上绿色发展的"紧箍咒";要始终坚持"严管林"不动摇,加快构建源头预防、过程控制、损害赔偿、责任追究的生态环境保护体系;要加强森防"网化"建设,提高预防扑救综合能力,确保森林资源安全。

4. 科学经营森林资源,确保林区森林健康

要开展保护森林资源专项行动,从范围确定与功能布局的角度,调整优化自然保护区;要完善林业有害生物防控体系和森林物候气象监测体系,及时掌握林业有害生物防治的最适时期;要注重森林病虫害防治,有效降低灾害损失,提高森林资源的质量与效益。

(三)坚持绿色发展,实施森林产业体系建设工程,促进全面绿色转型

如何使伊春市的全面绿色转型在领域范围上更广,在转型程度上更深?在国家森林城市创建中,要以习近平总书记提出的"绿水青山就是金山银山,冰天雪地也是金山银山"重要论断为基本遵循,深入贯彻新发展理念,在实体经济发展中努力围绕"森林"二字做文章,坚持生态优先、绿色发展,推进生态经济化、经济生态化,从传统老路的跟随者向发展新路的探索者转型,促进生态优势向产业优势、经济优势和竞争优势转化。

1. 坚持城市发展定位,形成绿色发展格局

对标黑龙江工业强省、农业强省、科教强省、文化强省、生态强省、旅游强省"六个强省"目标,应综合考虑国有重点林区、资源型城市经济转型试点、首批国家生态文明先行示范区等集于一身的多重元素,在国家森林城市创建中,继续坚持"生态立市、旅游强市"发展定位,向打造"两座金山银山"要高质量发展,发挥好国家森林城市的生态和经济功能。

将"生态立市"作为"两市战略"之首,在加强生态环境保护和治理的前提下,守住自然生态安全边界,筑牢林区绿色发展基础,让生态经济成为林区全面绿色转型的重要支撑,努力增强人民群众对优美生态环境需要的获得感。同时,大力实施"旅游强市"战略,将森林生态旅游业发展融入国家森林城市建设中,把森林生态旅游业作为全面绿色转型的重要引擎,推动全市旅游向高端化迈进,努力把绿水青山、冰天雪地所蕴含的生态价值转化为兴市富民的金山银山,叫响"林都伊春·森林里的家"品牌,促进老林区实现"绿色振兴"。通过"生态立市"与"旅游强市"的相互促进,形成以绿色发展为主题、绿色经济为主流、绿色产业为主体的绿色发展格局,融入以国内大循环为主体、国内国际双循环相互促进的新发展格局之中。

2. 大力发展绿色产业,构筑生态经济体系

党的十九届五中全会通过的《建议》提出"全体人民共同富裕取得更为明显的实质性进展"的目标。习近平总书记强调:"发展仍是解决我国所有问题的关键。"如何以更远的视野谋划林区人民共同富裕目标,实现林区高质量发展?首先要有产业作支撑。发展绿色产业是经济社会发展全面绿色转型的重要基石。依托林区绿色生产力,在提升优化森林生态旅游、森林食品、林都北药、木业加工、绿色矿山五大优势特色产业的同时,抓住新冠肺炎疫情防控常态化形势下形成的消费升级需求,发展新型绿色产业,以生产性和生活性服务业为重点,加快培育体育、医养康养、会议会展、商贸物流、苗木花卉等服务业,在培育绿色消费、信息消费、数字消费、智能消费、康养消费等新兴消费增长点的同时,构筑尊崇自然、绿色

发展的"5＋N"生态经济体系,有效对冲新冠肺炎疫情的影响,从而为伊春市创建国家森林城市及长足发展奠定坚实基础。

3. 谋划重点项目工程,建设城市生态福利体系

坚持把项目建设作为支撑产业发展、结构调整、绿色转型的重中之重,在推进"百大项目"建设的同时,谋划招引国家森林城市重点项目落地实施,进一步带动餐饮、购物、旅游休闲、康体养生等相关产业的发展,为林区人民群众提供更多的就业机会,从而创造森林城市生态福利,实现"创森惠民"的目标。

首先,启动三大主题自然风光旅游项目工程。开展茅兰沟国家森林公园、小兴安岭石林国家森林公园、桃山国家森林公园、乌马河国家森林公园、朗乡森林公园、日月峡国家森林公园六大精品森林旅游目的地建设;开展新青国家湿地公园、红星霍吉河国家湿地公园、黑龙江、汤旺河、呼兰河、巴兰河等精品湿地、河流旅游目的地建设;开展"北国秘境之路"—G222 嘉荫—临江公路(伊春—汤旺河—嘉荫段)线,南部"五彩森林"—乌带公路—铁金公路等两条南北精品自驾游线路建设。以上项目的建设完成,将全面提升伊春生态旅游体验,打造精品旅游目的地。

其次,启动六大林都森林康养基地建设工程。围绕伊春红松、温泉、药材、森林风光、自然山水等特色康养资源,建设五营—汤旺河原始森林浴康养基地、南岔仙翁山中医药理疗康养基地、翠峦—江中草药百草园康养基地、溪水国家森林公园自然康养基地、美溪回龙湾温泉理疗康养基地、九峰山养心谷康养基地六大森林康养基地。

再者,启动七大特色森林小镇工程。通过开展温泉小镇、木艺小镇、冰雪小镇、休闲养生小镇、农(林)场、边境小镇、自然风光小镇 7 大特色小镇建设,提升小镇基础游憩设施和绿化水平。

此外,还要实施伊春优质林特产品建设工程。通过重点建设北药种植基地、林下菌种植基地、坚果与浆果产业示范基地、山野菜产业示范基地,打造一流绿色食品品牌,通过线上和线下渠道的双运用,开展定向推广和宣传推介,拓宽销售渠道,使优质林特产品成为展示伊春市国家森林城市创建的一张亮丽名片。

4. 深化供给侧结构性改革,增强供给适配性

瞄准新经济、新业态、新模式,针对伊春市在经济发展中存在的短板弱项,在国家森林城市创建中,应通过改革创新破除林区绿色发展的体制机制障碍,促进产业结构向科技含量高、资源消耗低、环境污染少的方向调整优化,提高绿色发展指数,为林区实现可持续发展提供绿色动能。尤为重要的是要深化推进供给侧结构性改革,把供给侧结构性改革这条主线贯穿于林区全面绿色转型中,以转方式调结构促进林区经济转型升级。围绕做好三篇大文章,按照推进"老字号"向中高端提升,"原字号"延伸产业链提升价值链,"新字号"扩展新增长领域的思路,发挥林区的生态优势打造产业链,推动林区绿色低碳发展。在提升优质林农产品、生态服务产品供给能力的同时,增强林区绿色供给的适配性,从而满足人民群众基于美好生态环境的多元消费需求。

(四)发展生态文化,实施森林文化体系建设工程,提升伊春城市内涵品质

人民群众作为国家森林城市创建的主体,其文明素质是国家森林城市的灵魂,起着根本性的推动作用。通过培育厚重的森林文化底蕴,发挥其滋养涵育的作用,在增强林区人民群众文明素质的同时,提升伊春城市的内涵品质。

1. 启动特色生态文化基地建设工程

在小兴安岭人与自然密切接触的重要场所,重点建设五营红松生态文化体验基地、新青湿地鸟文化科普科研基地、小兴安岭植物园自然学校基地、伊春森林博物馆生态文化基地、马永顺林业精神纪念教育基地等森林生态文化基地,发挥其在森林生态文化建设中不可替代的重要作用。通过开展生态文明教育,用习近平生态文明思想武装林区干部群众的头脑,牢固树立绿色价值观,广泛凝聚"绿水青山就是金山银山,冰天雪地也是金山银山"的思想共识,将生态文明意识转化为推动绿色发展的自觉行动。

2. 实施生态文化标识解说系统工程

通过在城镇公园绿地、森林湿地公园等地开展生态文化标识解说系统建设,广泛传播和宣传生态文化理念,营造人与自然和谐共处的社会氛围。如在市中心城区沿河公园、金山国家森林公园等地新增标识牌、展板、宣传栏、电子解说设备、触屏解说设备等生态文化解说设施建设,激发群众走近森林、热爱生态、保护环境的美好情感。

3. 积极开展生态文化活动

打造小兴安岭森林文化品牌,通过开展"春季杜鹃文化节""夏季蓝莓文化节""秋季五花山观赏节""冬季冰雪欢乐节"特色四季生态文化节庆活动、生态纪念日活动、义务植树活动、森林城市宣传活动,营造良好创森氛围的同时,培育生态公民,推动公民积极参与国家森林城市创建活动。

4. 广泛开展生态科普宣传

在森林公园、植物园、自然保护区的开放区等公众游憩地,设置专门的科普标志、宣传栏等,积极开展生态科普知识教育宣传。有效发挥森林博物馆的展示功能作用,充分展现伊春的地域、人文和生态特色。此外,还要充分利用全民义务植树节、森林防火宣传月、爱鸟日、湿地日等,广泛开展生态科普知识等宣传活动,促使人民群众认知森林生态文化,在享受森林生态文化建设成果的同时,积极投身森林生态文化建设。

5. 实施森林文化惠民工程

坚持满足人民文化需求和增强人民精神力量相统一,不断完善公共文化服务体系,通过建设森林文化休闲工程,如森林文化长廊、解说步道、森林文化广场等设施,为人们认知森林、探索自然提供良好的条件与场所,在传递"大地植绿、心中播绿、全民享绿"创森理念的同时,使林区干部群众在潜移默化中感受到生态文明的正能量,广泛形成绿色生产生活方式,从而提升城市的气韵和魅力。

(五)注重城市治理,建设森林城市支撑能力体系,不断增强林区民生福祉

党的十九届五中全会通过的《建议》指出,要加强和创新市域社会治理,推进市域社会治理现代化。这为伊春市在国家森林城市创建中,提高城市治理水平指明了方向。进入新发展阶段,通过建设重生态、慢生活、

会思考的城市,探索出一条具有伊春特色的森林城市治理现代化之路,为创建国家森林城市增强自信与底气。

1. 完善森林城市基础设施

基础设施的完善是关系人的生存生活质量和发展质量的关键性要素。在国家森林城市创建中,要重视基础设施建设,在发挥对森林生态旅游等产业配套先行引导作用的同时,为国家森林城市增强保障能力。通过加强城市道路建设,提升人民群众的出行便利度;通过完善"三供三治"设施,保障人民群众的日常生活;通过推进保障性安居工程,实现人民群众的安居梦想,同时在国家森林城市创建中,还要推进林区生态产业与5G、人工智能等新兴产业融合,拉动林区绿色新基建的建设。在相对于大都市快节奏生活的前提下,以良好生态宜居环境的打造,提升林区人民群众慢生活的幸福指数。

2. 提升森林城市支撑能力

首先,提升管理能力建设。主要是进一步提升森林防火、森林有害生物防控、森林资源保护、森林资源监测与信息化建设管理能力建设,确保森林城市建设有序开展。主要建设内容包括:新增远程视频监测前端、视频监控系统,更新瞭望塔,新建超短波固定/移动基站、直升机机降场,增购手持GPS、便携式电脑、防火业务系统软件、大型扑火车,新修与改造提升防火道路,改造提升靠前驻防点,完善扑救森林火灾应急处置预案与交界地区森林火灾扑救应急预案,举办防火队伍技术培训或演练等。

其次,全面提升林业有害生物防控能力。围绕"预防为主,科学治理,依法监管,强化责任"的总体思路,在开展有害生物监督并发布有害生物信息预报的基础上,采取物理、化学、生物等措施防控林业有害生物疫情,重点完成危害生物调查,开展有害生物防治专项培训。

再者,完成林业信息化数据中心建设。抓住《黑龙江省天然林保护修复制度实施方案》发布契机,尽快对接、充分利用全省林草大数据平台,加快建设林业信息化数据中心,为构建全方位、多角度、高效运转、天空地一体的小兴安岭天然林智能管护网络创造有利的条件,从而确保森林生态系统安全。

3.促进森林城市治理现代化

在国家森林城市创建中,通过实施城市治理系统工程,促进社会治理系统化、精细化、法治化和智能化,加快推进以市域为主体的社会治理体系现代化,打造更高水平的平安伊春。

应将新冠肺炎疫情防控作为倒逼提升城市治理水平的重大契机,以现代科学手段赋能城市治理,推进5G网络建设,利用好时空信息云平台,推动"数字伊春"向"智慧伊春"转变,以"数智之治"推进城市治理现代化。在完善城区综合管理体制、提升市容环境综合治理、加强小区物业管理等方面,提供更普惠、更便利、更快捷、更精准的城市服务,努力增强林区人民群众的获得感幸福感安全感这"三感"。

(六)强化组织保障,稳步推进国家森林城市创建,早日获得国家森林城市殊荣

国家森林城市建设是一项长期的系统性工程。伊春市应充分结合林区经济社会发展实际,通过强化组织保障,全力推进合力共创,以优异的工作成果迎接验收,早日获得国家森林城市的殊荣。

1.上下联动,形成合力

各地党委和政府、各相关部门和单位要把创建国家森林城市工作纳入重要议事日程,建立健全组织领导机构和工作机制,加强对创建国家森林城市的人力、物力和财力支持。各地党政主要负责同志为第一负责人,分管负责同志为直接负责人,要做到创建国家森林城市工作统一指挥,条块结合,步调一致,责任到人。市创建国家森林指挥部要建立联席会议制度,定期通报工作进展情况,研究解决工作中遇到的问题,推进创建工作有序开展,确保创建国家城市工作全面完成。

2.明确任务,落实责任

市创建国家森林城市指挥部办公室负责细化分解落实创建国家森林城市指标任务,各地和各有关部门、单位要对照总体规划目标,明确任务,按照责任分工保质保量地完成承担的工作任务,将创建国家森林城市工作进展情况及时报送到市创建国家森林城市指挥部办公室。

3. 政府主导, 多元投资

创建国家森林城市是一项功在当代、利在千秋的系统工作, 建设周期长, 投入资金大, 各地政府和有关部门、单位要多方筹措资金, 建立多元投融资机制。将国家森林城市创建所需的资金列入政府年度财政预算, 加大对森林城市建立的投入力度。同时结合智慧伊春建设、人居环境提升、乡村建设行动等, 积极谋划和对上争取国家森林城市重点建设项目, 以国家和省资金的支持, 撬动社会资本投入创建国家森林城市建设。

4. 强化监督, 严明奖惩

加强对创建国家森林城市工作的督促检查, 将创建国家森林城市工作纳入各地和有关部门、单位的年度工作目标考核体系。市委、市政府督查部门和市创建国家森林城市指挥部办公室对创建国家森林城市年度工作任务完成情况进行定期检查, 并通报指标完成情况。

5. 加大宣传, 营造氛围

各级宣传部门要按照创建国家森林城市工作总体部署, 创新方式方法, 加大宣传力度, 开展多层次、多渠道、多形式的森林城市建设宣传活动, 提高广大市民的知晓率、支持率, 在全市营造全民创建、人人参与、大家共享的良好氛围。

六、伊春市创建国家森林城市应注意的问题

(一) 坚持规划先行

习近平总书记曾强调: "考察一个城市首先看规划, 规划科学是最大的效益, 规划失误是最大的浪费, 规划折腾是最大的忌讳。"伊春市在编制实施《伊春市国家森林城市建设总体规划 (2020—2030 年)》时, 应坚持问题导向, 进行民生考量, 少一些短期政绩, 多一些长远留芳, 理性务实地推进森林城市建设, 避免人力、财力、物力的浪费, 进而影响到当地政府的公信力。

(二) 尊重群众意愿

国家森林城市创建不是"一阵风""跟风", 而是一项长期建设的民生工程, 人民群众既是国家森林城市创建的主体也是受益者, 应尊重群众,

通过采取以人为本的有效措施,增绿提质、兴绿惠民,而不是简单地追求评审过关,获得金字招牌,为创建而创建。

(三)注重因地制宜

在建设森林城市过程中,应牢固树立科学绿化意识,因地制宜地选择林草植被种类和恢复方式,大力推广使用乡土树种,凸显小兴安岭地域特色,防止出现"一刀切""千面一孔"等现象。

(四)防止急功近利

要充分考虑成本效益,选择适度规格的苗木进行绿化,严禁采挖移植天然大树、古树名木等,禁止移植"断头树",反对"高大密"绿化,防止"一夜成林""快速成景"等急功近利行为。

(五)杜绝面子工程

要充分考虑林区的优劣势条件和发展机遇因素,严禁不顾经济社会发展水平、脱离实际、铺张浪费、劳民伤财搞绿化的面子工程、形象工程,科学务实推进森林城市建设,努力取得建设成效。

(六)加强内涵建设

国家森林城市建设不仅要注重指标,更要加强内涵建设,在塑形的同时还要铸魂。应坚持城乡绿化推进协调,在改善人居环境、城市面貌的同时,惠及群众的生产生活;应加强森林生态文化建设,注重城市森林理念的传播,提高全社会的生态意识和文明程度。

开启新征程,展现新作为。进入新发展阶段,伊春——这块祖国北疆的"祖母绿",将迎着绿色发展的春潮,在党的坚强领导下,以闯的精神、创的劲头、干的作风,把创建国家森林城市这项系统工程,打造成为民谋利、为民造福的民生工程,早日实现"让森林走进城市,让城市拥抱森林"的美好愿景,在兴安大地上奋力书写出现代化新伊春的城市建设新篇章。

关于增强口岸城市对外宣传
影响力的调查思考

中共黑河市委宣传部

近年来,黑河充分发挥地方外宣资源优势,积极加强对俄交往,主动拓展发展空间,经贸合作成果丰硕,人文交流亮点纷呈。黑河作为展示国家形象、传播中华文化的前沿,如何进一步增强对外宣传影响力,搭建沟通桥梁,更好地传递中国声音,推动黑河高质量、跨越式发展,是新时期外宣工作面临的重大课题。

一、近年来黑河外宣工作开展总体情况

口岸外宣工作是我国外宣事业的重要组成部分,关系到边境地区繁荣稳定,关系到国家长治久安。多年来,黑河服从服务国家总体外交大局,紧抓开放机遇,主动对俄介绍黑河经济社会发展情况,充分发挥人缘、地缘、文缘优势,积极搭建对外传播平台,通过双边会谈、经贸合作、文化交流、媒体互动、民间往来等多种方式开展对俄交流与合作,形成了"政府、部门、民间"全方位、立体化的"大外宣"格局,为密切中俄关系、深化两国友谊、传递龙江声音做出了积极探索与实践。

(一)明确口岸外宣方向。坚持国家站位,主动深度地宣介习近平新时代中国特色社会主义思想、中国和平开放发展理念、中华优秀传统文化内涵,以俄罗斯受众信息需求为出发点,以多层次多形式人文交流为切入点,讲好中国故事,传播中国声音。一是紧紧围绕"一带一路"倡议,宣传互利共赢的对外开放战略,宣传中国维护世界和平、促进共同发展的外交

政策宗旨,宣介世界发展进步中的中国担当,着重讲清中国共产党治国理政故事,讲明中国人民奋斗圆梦故事。以文化交流活动为动力源,以与布拉戈维申斯克市(以下简称"布市")政府、大学、图书馆合作为引擎,通过与俄布市联合举办图书赠阅活动,在俄布市投放大型户外广告、媒体广告,安置大型 LED 屏等润物细无声的方式,传播习近平外交思想,展现蓬勃发展的中国。二是树立中国文化立场,推动中华文化走出国门。中华优秀传统文化在几千年的浩瀚历史长河中积淀着民族的精神财富和智慧财富,具有强烈吸引力和感染力。黑河在中国农历新年、国庆节等传统节日,以组织开展大型境外文化展演、交流互访活动和形象展示宣传等方式,将中国故事和中国声音送出国门。三是紧紧围绕市委、市政府中心工作,加强对外宣传工作,唱响振兴发展声音,以黑龙江公路大桥工程完工、中俄东线天然气管道工程贯通、黑河自贸片区获批一周年等重要节点,邀请中俄主流媒体以大型采访、活动直播、集中供稿等不同方式,多渠道、多视角展示黑河主动深入对接国家"一带一路"倡议,积极参与"中蒙俄经济走廊"建设以及对俄合作的最新成果和发展态势。

(二)创新口岸外宣载体。一是打造优质品牌。依托边境口岸优势,创建特色品牌,提升对外传播能力和城市形象。一场最初由黑河与俄布市参与为主体的文化活动——中俄文化大集,现已上升为国家级文化交流项目,成为两国文化交流的品牌、边境地区全方位合作的典范和毗邻城市人民欢乐的节日。近年来,黑河以中俄文化大集、中俄"六一"儿童节互访、"三八妇女节"互访、中俄横渡黑龙江项目等"金字招牌"为引领,创新开展了"中俄界江国际冰球友谊赛"、"冰上丝绸之路"远东中俄青少年艺术周、"双子同欢·中国年"等大型中俄文化交流活动,培育壮大了一批民众参与度高、影响范围广的机制性跨境文化品牌。二是开拓外宣阵地。建成中俄"边境之窗"成就展厅,系统展示改革开放以来,特别是国家"边境之窗"试点市落户黑河以来,黑河在对外宣传领域以及与俄地方友好交往中取得的突出成就。依托口岸出入境大厅设置的外籍游客服务中心、黑河旅俄华侨纪念馆、黑河城市规划体验馆、庆祝中华人民共和国成立 70 周年暨中俄建交 70 周年中国黑河与俄罗斯地方友好交往成就展等中俄文化交流阵地,共同构建起多层次立体式宣传、展示黑河魅力形象的平台。三是延伸外宣触角。新冠肺炎疫情暴发以来,黑河充分发挥边境之窗境外传播中心优势,加快推进"一网两群三方四端"新媒体平台建设,强化境外传播中心与黑河广播电视台、黑河日报社、黑河融媒体中心的信息资源整合,构建内外联动工作机制,利用中国之窗(www.chinaokno.ru)、VK、Facebook(脸书)、YouTube、Instagram(照片墙)等境外网站及公众平台,及时发布我国疫情防控信息,积极回应国际社会关切,为俄罗斯民众了解中国抗疫历程,宣介中国抗疫经验提供有效途径。

(三)健全口岸外宣机制。地方外交作为协调官民、联通内外的关键环节,是补充、配合两国总体外交,引导两国民间交流的重要渠道。黑河把对外宣传工作与国家沿边开放相结合,广泛开展各领域对俄交流合作,推进交流项目机制化常态化,为促进中俄战略协作伙伴关系的深入发展做出了地方贡献。一是建立完善的地方合作机制。中俄地方外交表现亮眼,既得益于两国元首密切交往、国家战略对接提供的施展空间,也得益于地方参与主体本身的参与意愿和发展动力。近年来,黑河不断加强地方政党、议会、政府间交往,构建双边政府和部门高效顺畅的沟通交流机制,为地方政府间政策协调和战略对接提供了制度保障。现已与俄罗斯4个城区正式缔结了友好城市关系,与白俄罗斯新波洛茨克市等3个城市进行了友好往来并签署了建立友好城市意向书。黑河市政府与俄方政府建立了市(州)长年度会晤机制,向俄远东地区频繁发送和平发展的友谊信息,建立了可持续、可信赖、互惠互利的良好合作关系,共同促进了双边地区繁荣与发展。二是深化多领域的互信往来。在"一城两国、共同繁荣"理念下,黑河与俄布市政府间平等、友好的密切交往,促进了两岸在政治、经济、科技、文化、体育等各方面的交流与合作,形成了口岸城市对俄文化交流的诸多鲜明特色。据统计,共有55个市直相关部门与俄方对应部门和单位开展了对口合作,每年双方高层平均举行会晤、会见和专项工作会谈在40次以上。两国地方高层往来日益紧密、产业合作蓬勃发展、人文交流不断密切、务实合作取得丰硕成果,促进了中俄睦邻友好关系,为传递龙江声音奠定了坚实基础。

二、存在的主要问题

（一）对俄辐射范围小。口岸城市积极开展外宣工作,取得了一定成效。但多集中于与俄周边地区的宣传,虽然尝试向俄腹地延伸,但由于"单打独斗",外宣力量单薄,未能在建立地域鲜明定位的基础上,借助各地资源和优势,形成共建共享、同频共振合力。

（二）境外文化传播中心扶持力度不够。境外文化传播中心通过开展文化交流、思想交流和信息服务等活动,向俄罗斯民众介绍中国历史、文化、发展和当代中国的社会生活。尤其是新冠肺炎疫情发生后,境外传播中心及时加强疫情防控新闻报道,为黑河与布市在携手抗疫中巩固传统友谊发挥了重要作用,但与具有丰富文化传播经验的其他省市境外传播中心相比,在运行机制、传播方式和内容建设等方面还存在着较大差距。

（三）缺乏文化深层次共鸣。文化外宣在我国的对外发展中一直占有着重要的地位,但中俄文化因地域、历史、文化、社会习俗等不同,在语言表达、交际方式等方面存在差异,中俄两国人民形成了不同的价值观念和思维模式。而在对外宣传过程中对优秀文化共识指引不足,未能找到准确切入点进行深度融合,导致在跨境文化传播过程中未能产生持久的影响力。

（四）文化企业参与度不够。外宣工作主要以政府为主导,对富有发展性的文化企业培育力度不够,主要表现在政策扶持力度小,引导和服务不足,加之文化企业内部管理制度不完善,投资经营规模小,推广渠道少,缺乏高尖端经营和文创人才,具有高技术含量、高文化附加值的创新型产品少,在一定程度上制约着企业的发展。

三、增强口岸城市对外宣传影响力的建议

（一）建立常态沟通协调机制,打通资源信息共享渠道。近年来,中俄两国加速推进经贸、旅游、能源等多领域合作,呈现出前所未有的良好局面,龙江正迎来发展新机遇,口岸城市要抓住机遇、勇担使命,积极建设

以省内省外口岸城市合作为主体,境内境外双向互动循环的协同机制,努力构建政府主导、部门联动、民间参与的"大外宣"格局,全面提升对外宣传影响力。一是构建境内境外外宣格局。境外文化传播中心是我国向境外宣传中华传统文化、传播思想价值理念、树立良好国家形象的重要手段,也是提升文化软实力的重要平台。口岸城市要以一体化的"大外宣"思维和"一盘棋"理念,加强对传播中心的建设与管理,加大境内境外联合宣传力度,以传播中心为窗口保持对俄文化交流良好势头,发挥传播中心在信息资源、民意基础与传播技术上的优势,积极、主动、深入地向周边国家好地区介绍中国经济建设、政治建设、文化建设、社会建设的新进展和新成就,为经贸高质量发展、文化交流互鉴和民心相知相通提供稳固平台。二是创建深度"对话"互通平台。编织省内省外口岸城市经验交流和资源互享的立体联络网,以合作论坛、实地考察、信息平台创建等方式,介绍和推广新思路、新典型、新成果,激发口岸城市立足本地优势,挖掘内在潜力,以发展的眼光长远谋划,建立边境口岸城市与周边地方多部门、常态化交流机制,助推全方位、宽领域的务实合作,唱响省内大合唱,画好省外"同心圆",形成互鉴开放、合作共赢的良好运行模式,将边境口岸城市群建设成为具有国际竞争力的外宣新典范。三是培育境外文化企业发展。培养壮大民间文化企业向境外发展,是扩大对外文化交流、推动中华文化走向世界的现实需要。口岸城市要为缺乏国际市场经验的企业做好做足整体规划,全面服务市场主体,通过为企业提供政策咨询,搭建参与国际会展平台渠道,加大在信贷融资、土地使用、税收优惠和人才引进等方面的支持力度,引导企业将经营管理与文化发展相结合,实现从"输血"向"造血"转变,为推动中国文化走出国门聚合重要外宣力量。

(二)凝心聚力提升城市形象,打造对俄多元靓丽名片。城市品牌形象是展示历史文化底蕴和经济社会发展水平的重要方式,能够有效提升城市吸引力、扩散城市魅力、增强城市辐射力。口岸城市拥有得天独厚的旅游资源、深度融合的文化资源、情感相通的人文资源和丰富多彩的自然资源。要坚持从国家战略高度,扩展传播广度,加强挖掘力度,保持宣传热度,打好边境口岸牌。一是发展品牌群体,彰显城市魅力。以文化为桥梁,以活动为载体,深度挖掘民族文化、历史文化内涵,打造内容更为丰富、形式更为多样、互赏互鉴的文化活动,以"中俄文化大集""横渡黑龙江""界江冰球赛""青少年互访"等有较强影响力的中俄文化交流品牌为龙头,积极培育壮大"双子同欢·中国年""过春节 学汉字"等一批受到中宣部支持的春节文化走出去优秀项目。在传统元素与现代表达、民族元素与世界表达的创新与实践中,巩固和发展具有国际影响力的文化品牌。二是凸显城市特色,提升国际形象。近年来,国家加大对口岸城市开发开放力度,黑龙江公路大桥、中俄跨境索道、中国(黑河)跨境电子商务综合试验区等相继落户黑河,2020 年第三届黑龙江省旅发大会在黑河举办。要抢抓新时代深化对俄罗斯和东北亚开放合作的机遇,超前谋划、精心布局,精准定位城市形象,在经贸发展、文化旅游与外宣工作的相互促进下,持续强化"中俄风情之都、北国养生福地"城市特色的表达,擦亮"中俄双子城""最北自贸区""世界的黑河"等具有异域情调、地方风格的多元城市名片,促进城市知名度不断提升。

(三)发挥媒体外交显著优势,谱写深度交流合作新篇。一是加强外媒交流合作。要坚持以提高外宣信息质量为突破口,组织媒体对俄罗斯受众需求开展调研,以优化本地报社和广播电视台刊播出的节目资源为基础,汇集整合中省级媒体新闻报道、影视剧和文艺作品,面向俄受众推出有特色的、有创意、有亮点的栏目。要与俄媒体通过定期互换版面、策划组织大型联合采访、举办高端论坛等方式,开展业务探讨和紧密合作。以俄罗斯记者所见所思所闻所感,讲好中国道路、文明交融、人民友好的故事,实现借船出海,与境外媒体在深入沟通、资源共享、优势互补中提升综合影响力。二是强化话语体系建设。从俄罗斯受众角度出发,以海报、漫画、微纪录片和宣传片等表现形式,通过"接地气儿"的语言表达和新媒体技术手段,巧用俄罗斯政府官员、专家学者、企业家和留学生之口,"借嘴发声",展现真实、立体、全面的中国。要注重培养人才队伍,储备和吸收孔子学院、国内高等院校中精通双语,了解双方社会习俗、民族宗教以及法律等知识,具备跨文化传播能力的复合型人才。寻找文化共同的交汇点,将中国传统文化与俄罗斯民族特点、语言体系相结合,减少语言文化障碍,打造融通中外的新概念新范畴新表述,让中国故事讲得更精彩,让中国声音传播得更远更广。三是着力提升国际话语权。互联网时代的到来,新技术新运用迅猛发展,不断突破传播的速度和广度、时间和空间的界限。新兴媒体成为俄罗斯民众获取信息的重要平台,要顺应媒体传播格局新变化,在传统媒体与新媒体不断融合发展的背景下,打造新型网络媒体矩阵。要注重发挥境外文化传播中心作用,以精准的受众定位,高质量的新闻原创,在错综复杂的国际环境中站稳中国立场、传递"中国信号"。要发挥新闻时度效,抢占舆论先机,有效利用 VK、Facebook (脸书)、YouTube 等境外主流平台,用社交化、移动化、视觉化的新媒体方式,及时提供真实客观、观点鲜明的信息内容。同时以中俄广泛频繁的境外活动,促进传播中心与俄地方政府、学校和媒体深度合作,逐步提升在俄罗斯地方的影响力和传播力,努力建设成为具有对外话语创造力、公信力、竞争力的国际平台。

关于望奎皮影发展情况的调查与思考

中共绥化市委宣传部

望奎是"中国书法之乡"、黄河以北第一家中华诗词之县,文化底蕴深厚,资源丰富。望奎还素有"皮影之乡"的美誉,是"江北派"皮影代表,并作为中国皮影戏的子项目被列入世界级非物质文化遗产代表作名录。望奎皮影是集弹、唱、拿影、雕刻于一体的综合性民间戏曲艺术,昔日曾有过辉煌和繁荣。保护和传承望奎皮影,具有独特的文史价值和深远的历史意义。

一、基本情况

望奎皮影源于清朝同治年间,至今已有近150年历史,其表演形式和唱腔,在保留河北冀东民间小调基础上,大量吸收乐亭皮影之长,形成了唱腔流畅、表现力强的风格和特点,被称作"江北派"皮影。改革开放后,新兴的先进文化艺术猛烈冲击着皮影这一古老的传统民间艺术,它的活动空间越来越小,渐趋衰落。为了保护和传承这一宝贵的文化遗产,望奎县委、县政府从2005年开始,始终坚持"保护为主、抢救第一、合理利用、传承发展"的指导方针,采取了一系列保护措施,使望奎皮影的抢救保护工作稳步健康发展。经过十几年的抢救和保护,特别是以谷宝珍为代表的第四代和以关海英为代表的第五代皮影艺人们的默默奉献,使这一古老的民间艺术又重新焕发了生机,成为望奎县文艺百花园中独具特色的艺术奇葩。

1. 皮影资料保护更为专业。一是实施静态保护。目前已整理有关皮影方面的文字 5 万余字、"江北派"皮影戏重点唱段 32 段,搜集传统影卷25 部,收集到用于影人雕刻的影图 4 册,照片 100 余幅。制作出影卷《双失婚》500 套、《望奎皮影》精装本 500 套、新编皮影戏《西温莫日根》实况录像 500 本。二是推进动态保护。录制了黑龙江省望奎皮影"江北派"皮影戏唱腔集锦 14 本光碟,数字化处理了《三请樊梨花》《洪月娥做梦》磁带转 CD 光碟 3 本,《三肖庙》《探病》等录音带 10 盒,《高君宝石岭山招亲》录像带转光碟 2 本,录制了《新型计划生育》皮影戏专辑一本,翻录了皮影戏《穆桂英指路》光碟 1 本。三是落实机制保护。建立了重点保护机制,提高干部群众对皮影的保护意识,健全了可持续的保护体系。建立了领导机制,实行工作定项、干部定责、资金定额。健全了人才机制,实行皮影艺人与专家携手互补,确保持续性发展。

2. 皮影艺人传承更为积极。望奎县现有皮影艺人 13 人,其中国家级传承人 1 人,省级传承人 4 人,老艺人 5 人,学员 3 人。结合皮影抢救保护的工作实际,制定了望奎皮影受聘皮影艺人工作岗位责任制,通过机制、管理和实践推动皮影艺术的传承发展。一是强化管理抓传承。在传承人管理方面,采取动态管理,取消终身制,根据传承表现随时进行调整,把能发挥作用、承担传承责任的艺人吸收进来,充分调动传承人的积极性。同时,加强皮影队员待遇保障,关海英以引进特殊人才的形式吸收到文化馆,享受事业编制待遇,其余 12 人均享受县财政每人每月 700 元的传承补助。国家级传承人年传承奖励资金 2 万元,省级传承人年传承奖励资金 5000 元。二是学习培训促传承。为便于学习传承皮影艺术,设立了"江北派"皮影戏传习所,成立了皮影队,配备了影窗、影人、乐器等演出道具,由老艺人常年轮流传授皮影技艺和开展教学活动,使学员通过实际操作进一步增强本领。三是言传身教代传承。鼓励老艺人开展家庭式皮影培训,通过发展亲属、招收学员等方式推进代际传承。第四代皮影艺人谷宝珍的女儿关海英、侄女谷云迪已经成为第五代皮影艺术传承发展的主力,老艺人张淑荣、马万里也将影人雕刻制作技艺传授给自己的女儿及学员,家庭式传承在推动皮影发展上发挥了重要作用。

3. 皮影场所建设更为标准。为抢救传承望奎皮影,2005 年在县文化宫建立了传习所、皮影小剧场和皮影展厅。2017 年在群众文化艺术中心专门辟建了 150 平方米的传习所和 320 平方米、60 个软座席的皮影戏演小剧场,作为日常皮影演艺、交流、研习的活动场所。在艺术中心三楼筹建了皮影展厅,共展出皮影图片 50 幅,影人、影卷、乐器等 200 余件,为抢救、保护、传承望奎皮影戏打造了良好的硬件设施环境。皮影文化阵地平均每年接待省市领导、各级媒体和广大干部群众参观达 15000 余人次。

4. 皮影文化宣传更为突出。望奎皮影是东北三省唯一通过抢救保护下来的传统皮影戏,在全国皮影行列中居有显著位置,早在 1986 年就曾为参加全国皮影木偶戏座谈会全体人员做专场演出。改编的影腔戏《摔子劝夫》曾获省级大奖,《三请樊梨花》《洪月娥做梦》盒带发行至世界多个国家。望奎皮影先后入选国家和世界级非物质文化遗产名录,望奎县因此被文化部命名为"中国民间文化艺术之乡"。近年来,望奎县高度重视皮影文化宣传,皮影艺术成果丰硕,屡获殊荣,已经享誉省内外及全国。《三请樊梨花》曾在中央电视台一、二套节目中播出。专题片《望奎皮影》参加了国际民间艺术节,并与世界其他国家进行了同类艺术交流。在 2015 年举办的"中国木偶皮影剧目大赛"上,原创赫哲族伊玛堪皮影戏《西温莫日根》荣获第五届金狮奖中国皮影木偶剧目展演最佳剧目奖金奖。该剧目是皮影戏的创新之作,将两个民族、两种文化形式、两项世界文化遗产进行有机结合,经再创造而产生的全新文艺剧目,是望奎皮影乃至全国皮影界具有里程碑意义的精品力作。在 2015 年全国政协会议文化座谈会上,许多文艺界的政协委员多次提到了望奎皮影,一致肯定望奎皮影和赫哲族伊玛堪说唱艺术的相互融合,是中国非物质文化遗产发扬和传承工作的一大创新。

二、存在问题

1. 皮影艺人传承面临风险。老龄化问题较为严重,现有的 13 名皮影艺人中,1 名国家级传承人 70 岁,4 名省级传承人平均年龄 75 岁,5 名老艺人平均年龄 75 岁,3 名学员平均年龄 50 岁。目前有 5 位艺人由于身体原因在家休养,能够参加传承演出等活动的仅有 8 人。由于大多数老艺人年龄普遍偏高,考虑到其人身安全,避免出现演出事故,基本无法承载外出巡演任务。同时,皮影艺术是一门多元化组成的艺术,需专用乐器伴奏、影人操纵、生旦净丑演唱等技艺同时合作,才能展现皮影戏的原貌及特点,目前文化馆皮影队角色分配不平衡,严重缺乏男演员,只能由男演员完成的演奏、演唱等多个具体角色更有面临失传的风险。

2. 皮影文化生存环境恶化。随着信息化时代大潮来临,受新兴文化的冲击和审美观念的逐渐转变,直接导致了皮影戏观众群体的锐减,皮影作为民间艺术由于缺乏时代感逐渐不被年轻人认可,且传统艺术枯燥难学,短时间内难以掌握,加上皮影戏市场日渐衰落,演出收入甚微,即便政府给予一定传承补贴,但皮影艺人收入较低、社会地位不高等因素使得皮影艺术缺乏人才吸引力,从事皮影行业人数越来越少,乃至许多老艺人家庭传承都缺乏继承人,容易导致一些表演技艺和曲目的失传。

3. 皮影产业发展受到限制。虽然望奎皮影文化在国际国内享有较高的专业成绩,但是群众的接受程度还不够广泛,制约了皮影产业的发展。皮影影人作为一种艺术品,销路的不畅制约了皮影产业的发展,导致从业者越来越少。同时,受人才匮乏的影响,望奎皮影戏仍然保持原有的演出方式和传播渠道,在主动追求创新发展,突破地域文化特点,或开辟其他生存和发展空间上受到的制约更为明显。

三、发展建议

1. 多途径培养传承人。积极与省内艺术类院校建立联系,与符合专业要求的毕业生签订长期皮影专业传承合同,给予有条件的编制待遇,确保其能全身心投入到望奎皮影的传承和演出工作中。不断强化社会引导,定期举办皮影艺术交流会和皮影表演,特别在学生群体中加强皮影戏宣传,挖掘高素质的潜在皮影从业者。适当提高文化事业单位编制数量,计划三年内为皮影队充实30周岁以下人员15—20人,确保他们能够专心从事皮影保护、传承和发展工作,并将其打造成全省一流的皮影演艺团体。

2. 多举措完善主阵地。对县群众文化艺术中心进行扩建,建设皮影影人设计雕刻制作工作区,真正把群众艺术中心打造成集皮影培训、演出、展览、文创等多功能于一体的主阵地。在艺术中心南侧新建一处占地一万平方米的皮影主题文化广场,其中包括演艺舞台、皮影文化长廊及皮影印象派雕塑等内容。同时在皮影广场周边街道,设计安装以皮影元素为主题的灯箱,打造出一条由远及近、从外延到内涵的皮影展示路径。

3. 多元素提高生命力。针对皮影艺术表现形式单一这一实际,进行改革创新,充分利用电脑、动漫等现代技术,特别是声、光、电技术和电影蒙太奇手法,丰富皮影艺术表现形式,吸引更多观众,特别是年轻人观看。同时,利用与绥化学院开展"院县共建"的契机,充分发挥绥化学院艺术系专业优势,建立创作团队,合力打造在全省乃至全国叫得响的精品力作。

4. 多渠道推进市场化。加大望奎皮影市场融入力度,推进文旅融合,在旅游景区不定期举办皮影专场演出,设立皮影产品销售柜台,通过皮影表演和纪念品售卖等形式,增加皮影收入。同时,积极参加哈洽会、文博会等大型展会,推广销售皮影文创产品。

5. 多层次扩大影响力。积极参加国内外交流演出活动,巩固望奎皮影在国内国际的艺术地位。在绥北高速望奎出口设立望奎皮影宣传牌。在利用好传统媒体的基础上,充分发挥快手、抖音、公众号等新兴媒体传播优势,加大对望奎皮影艺术的宣传力度,进一步营造浓厚的皮影文化宣传氛围。

关于新时代文明实践中心建设的调查思考

中共大兴安岭地委宣传部

近年来,地委、行署深入贯彻落实习近平总书记关于新时代文明实践中心建设试点工作的重要指示精神,将文明创建作为推动全区经济社会发展的重要力量,有力促进了全区精神文明建设蓬勃发展。为进一步加强我区文明实践中心建设,去年专程组织人员赴吉林省扶余市、农安县和我省安达市学习考察,同时也对大庆市志愿者大厦、大同区新时代文明实践中心建设项目开展了实地考察,并先后深入加格达奇区、塔河县、呼玛县、漠河市等地进行调研,现将相关情况报告如下:

一、落实中央和省委要求,把建设新时代文明实践中心作为巩固意识形态阵地的务实之举

新时代文明实践中心是党中央重视和加强基层思想政治工作的战略部署,是深入宣传习近平新时代中国特色社会主义思想的重要载体,是进一步完善基层治理体系,提升基层治理能力,打通宣传群众、教育群众、关心群众、服务群众"最后一公里"的重要举措。就我区而言,加快推进新时代文明实践中心建设,还是推动林区群众"塑形铸魂"的重要途径,顺应新时代职工群众精神文化生活新期待的必然要求。

(一)从中央部署层面看,我们需要增强政治自觉。习近平总书记在中央深改委第三次会议上指出,"建设新时代文明实践中心要着眼于凝聚群众、引导群众、以文化人、成风化俗,调动各方力量,整合各种资源,创新方式方法,用中国特色社会主义文化、社会主义思想道德牢牢占领农村思想文化阵地,动员和激励广大农村群众积极投身社会主义现代化建设"。在2019年全国宣传思想工作会议上再次强调,"要推进新时代文明实践中心建设,不断提升人民思想觉悟、道德水准、文明素养和全社会文明程度"。中共中央办公厅印发《关于建设新时代文明实践中心试点工作的指导意见》,在全国12个省(市)选定50个县(市)、区开展试点。风成于上,俗化于下。建设新时代文明实践中心是一项重大政治任务,我们必须进一步提高政治站位、增强政治自觉,把新时代文明实践中心建设作为基础性、战略性、长期性的重要工程,推动基层精神文明建设和宣传思想工作守正创新、开创新局。

(二)从全省推进层面看,我们需要增强思想自觉。2018年,我省启动新时代文明实践中心建设试点工作,省领导带头注册志愿者、参加志愿服务活动。目前,全省县级新时代文明实践中心、乡级新时代文明实践所、村级新时代文明实践站建设如火如荼,志愿服务和新时代文明实践中心建设感染力和辐射力不断增强。我们必须深刻认识到,和全省相比,我区虽然在经济上落后,但在文明上不能落后;生态环境优良,文明程度也必须优良,这就要求我们必须在思想上与中央和省同频共振,深刻理解新时代精神文明建设的重大意义,切实把思想和行动统一到习近平总书记重要讲话和指示精神上来,构建基层思想政治工作的新阵地、新平台、新载体,让党的宣传思想工作在基层实起来、强起来,做到群众在哪里,文明实践就延伸到哪里。

(三)从我区落实层面看,我们需要增强行动自觉。地区文明办编制了新时代文明实践中心建设指南,7个县(市)、区已建成6个,塔河县被列为省级试点。142个国家级、省级文明单位、文明校园与新时代文明实践中心(所、站)结成共建对子,但我区69个乡镇(社区)仅建有11个文明实践所,80个行政村仅建有14个文明实践站,基层站所建设相对滞后。我们必须严格按照中央和省工作总体部署,勇于创新,大胆实践,积极探索行之有效的工作模式、建设路径、运行机制,科学统筹调配资源、层层压紧压实责任,推动文明实践网络在基层不断延伸拓展巩固,决不能拖了全省后腿。

二、奉献爱心和服务社会,把建设新时代文明实践中心作为创新志愿服务活动的实践之基

新时代文明实践中心建设的主体力量是志愿者,主要活动方式是志愿服务。要高扬"兴安志愿"的鲜红旗帜,让新时代文明实践中心建设更有成效、充满活力。

(一)各级领导示范推动,志愿服务方兴未艾。李大义书记强调,"志愿服务工作不能做表面文章,不能摆花架子,不能搞形式主义,要贴近实际、贴近生活、贴近群众"。地级领导同志率先垂范,主动注册志愿者,积极参与城乡环境整治、交通秩序治理等志愿服务活动。倾力打造新时代"兴安志愿"服务品牌,以新时代文明实践中心建设为牵动,着力构建"1+6"志愿服务模式,重点开展好 17 项志愿服务活动。地直宣传系统成立志愿服务总队,把包扶的老年公寓建成了新时代文明实践点。目前,全区志愿者注册总人数达到 10.1 万人,组建了 21 类 963 个专项志愿服务分队,33 个志愿服务组织和个人受到全省表彰,涌现出一大批先进志愿典型。

(二)牢记宗旨无私奉献,志愿服务贴心走实。加格达奇区志愿服务中心联合绿丝带社工师协会,广泛开展全民阅读活动,被评为全省全民阅读先进城市。塔河县叫响"萤火虫"志愿服务品牌,在媒体开设"志愿服务进行时"专栏,不断扩大新时代文明实践中心和志愿服务的号召力、影响力。漠河市北极镇文明实践所、新林区新时代文明实践中心分别打造了"神州北极""爱情小镇"特色志愿服务品牌,松岭区"草根之家"、呼中区"最冷小镇"等多家志愿服务队在防火、救灾、扶贫解困等工作中发挥重要作用。

(三)危机之时担当使命,战役面前建功立业。在全面防控新冠肺炎疫情的严峻斗争中,我区充分发挥新时代文明实践中心密切联系群众的优势,动员广大志愿者和志愿服务组织履行责任担当,依法科学有序开展疫情防控志愿服务,全区来自交通、公安、机关、学校、社区、林场、乡镇等各条战线的四万余名志愿者主动参战,冲在抗击疫情的第一线。志愿者

们坚守交通卡口,奔波小区村屯,巡路、测体温、扫健康码,给隔离人员送药、送菜等,为广大居民群众提供了暖心的志愿服务。加格达奇区新时代文明实践中心联合地区心理咨询师协会和绿丝带社工师协会,招募8名具有专业资质的志愿者,成立社会心理服务志愿团队,开通心理援助热线,为居民提供心理援助和支持。松岭区壮志林场女子志愿巡护队8名女同志主动担当,战风雪斗严寒,为抗击疫情贡献巾帼志愿力量。加格达奇区长虹社区无职业身患癌症志愿者张云飞带领他的服务队挺身防疫战场,为居家隔离人员建立微信群,每日微信"打卡",互动发送"红心",让隔离人员"点单",志愿者"接单",街道人员"派单",为居家隔离人员送"需"、送"急"、送"药",在寒冷的日子里,云飞服务队亮出了"兴安志愿红"。

(四)志愿服务花开遍地,文明实践搅热兴安。在新时代文明实践中心的引领下,我区创建全国文明村镇5个、省级文明村镇21个、地级文明村镇22个、县级文明村镇28个,文明村镇创建比例位居全省前列。在电商产业发展领域,广大青年志愿者率先蹚路、带动他人。志愿者优秀代表黄磊说:"大兴安岭这片土地给了我力量和信心,我愿意尽己之力为兴安老百姓做点实事。"在"室外吸烟乱扔烟头"专项治理行动中,全区志愿者发出倡议、积极响应,带头创建无烟公园、无烟广场、无烟小区、无烟街道。在乡风文明建设中,众多农村志愿者主动参与环境整治活动,带头开展"十星级文明户"创评。呼玛县3个乡镇新时代文明实践所成立机关党员干部志愿服务队,采取"讲、教、评、帮、乐、礼"六种形式开展农村大讲堂活动。

三、认清短板和存在不足,把建设新时代文明实践中心作为提升基层群众文明素质的重中之重

我区新时代文明实践中心建设虽然取得一定成效,独具兴安特色的志愿服务呈现新的工作局面,但和全国、全省先进地区相比还有差距,主要体现在以下几个方面。

一是资金投入有待加强。按照"省级负总责、市级抓推进、县级抓落实"的领导体制和工作机制要求,各县(市)、区党委普遍高度重视,履行主体责任。塔河县投入 56 万元用于中心、所和主题广场建设。呼玛县制定预算 20 万元,配置人员编制 4 个。相比之下,其他地区对新时代文明实践中心投入还需进一步加强。二是人才流失情况有待解决。建好用好新时代文明实践中心,关键在于一支来源广泛、数量充足、结构合理、素质优良的骨干队伍,基层人才"留不住"已成为制约我区发展面临的一项重要问题。三是基层所站建设有待扩面。乡镇、村(社区)所、站建设建成率不高,农村志愿者注册率较低,志愿服务水平距经常化、规范化、专业化的要求还有很大距离。四是志愿服务形式有待创新。基层文明实践活动形式比较单一,不同程度上存在以日常工作代替文明实践活动倾向;文明实践服务未能做到"群众点单、按单上菜",第一时间满足群众需要;农村志愿服务以清理卫生、扶贫解困等常规性活动为主,有的还是"喊一嗓子,干一阵子"的被动性服务。

四、实现小康美好愿景,把建设新时代文明实践中心作为提升精神文明质量水平的战略之举

文明实践既是一个理论问题,更是一个实践课题,需要我们创新工作理念,用好宣传动员群众的"十八般兵器",认真学习先进地区组织建设、丰富内容、创新方式、巧搭平台等经验,努力实现六个目标。

(一)强化"阵地战",实现队伍建设目标。队伍建设是加强新时代文明实践中心建设的有效保障。县级新时代文明实践中心要严格落实省委"组建新时代文明实践志愿服务总队,有条件的乡镇、行政村组建新时代文明实践志愿服务队伍,并通过建立文明实践点服务群众、教育群众"要求,按照有组织、有阵地、有队伍、有平台、有机制、有成效"六有标准",年底前县级新时代文明实践中心全部建成,基层所站建成 50% 以上,走在全省前列。要盘活道德讲堂、文化站、农家书屋、乡村学校少年宫、村级卫生所等基层公共服务资源,建设新时代文明实践阵地,初步构建上下贯通的文明实践矩阵,逐步完善基层基本公共服务阵地,强化资源整合,打造理论宣讲、教育服务、文化服务、科技与科普服务、健康促进与体育服务等

"五大平台",统筹使用,协同运行,构筑"布局合理、便捷高效、出户可及"的文明实践阵地网络。

(二)统筹"菜篮子",实现按需所求目标。统筹多方面资源是新时代文明实践中心建设的主要抓手。要发挥各类平台载体综合使用效率,形成"乘数效应",促进多维融合推动资源共享共建,释放文明实践工作的"最大化效应"。塔河县文明办主任吴庆勇提出"现在百姓消息灵通,需求多,通过微信群通知开展志愿服务活动有点单一,如果能通过大屏幕连线方式随时随地了解大家需要就方便多了"。要利用融媒体中心平台开发志愿服务 app 系统,统筹线上线下资源,在线上根据服务对象需求精准识别、列出"菜单",制定个性化服务方案,"端菜"与"点菜"相结合,精准对接供需,优化供给方式,更有效地满足个性化需求。建设新时代文明实践中心,是推动乡村全面振兴、满足农民精神文化生活新期待的战略之举,核心在于以基层群众实际需求为导向,鼓励群众"点菜",多搞雪中送炭,做到"你点我有""你需我供",切实解决好基层群众在精神文化层面最盼、最急、最忧的现实问题,不断提升基层群众在文明实践活动中的获得感、满足感、幸福感。只有给群众带来实实在在的利益,让群众得到实惠,群众才会相信你、认可你,新时代文明实践中心的工作也才会有坚实的群众基础和充足的发展后劲。

(三)争当"排头兵",实现试点引领目标。推进试点建设是为了定位更准确,机制更完善,载体更丰富,服务更有效。塔河县作为我区唯一的全省试点县,基础设施建设和活动基础都比较好。要推动县级中心向试点看齐,有效提升全区新时代文明实践中心建设水平和活动水平。充分发挥现有中心、所站和实践广场作用,用群众喜闻乐见的形式传播社会主义先进文化,弘扬新时期大兴安岭精神、春防精神、火场精神、抗疫精神,把新时代文明实践中心打造成为距离群众最近的"心灵驿站"和"精神家园",争当全省"排头兵"。大兴安岭因林而生,因林而兴。推动林业精神文明建设是全区精神文明建设的重中之重,必须坚持属地化原则,积极探索林地共建方式,把林业文明单位创建作为全区创建工作的重要组成部分,把林业企业文明实践中心开展志愿服务打造成兴安文明实践的突出特色,以林业局体育馆、文化馆、文化广场等现有文化基础设施为阵地,以林业企业志愿服务组织和志愿者为主要力量,在属地党委政府和文明委的指导下,建设林业局新时代文明实践中心、林场(管护区)新时代文明实践所,组织开展以志愿服务为主要形式的新时代文明实践活动,让4万林业职工共享精神文明建设成果。

(四)依托"主力军",实现品牌创新目标。品牌创新是新时代文明实践中心组织开展志愿服务活动的重要方向。北极村"骊山雅居"家庭宾馆老板"二姐"诚恳地说,"受疫情影响住店的客人少,如果村里能帮我们想想招儿,把客人吸引到这儿来,生意就好做多了"。疫情常态化形势下,要全力打造"绿色兴安·有我志愿兴安"服务品牌,让志愿者成为文明实践的主力军,让"兴安志愿红"成为文明实践的标准色。通过"爱+绿色""爱+温暖""爱+岗位""爱+旅游"等形式,在乡风文明、旅游宣传等工作中开展更温暖、更接地气的活动。借鉴"龙江带货官"和"李子柒"风格的宣传推介模式,打造原汁原味的"农民网红""文明实践代言人",调动农民群众参与文明实践活动的热情和积极性,从"要我当志愿者",变为"我要当志愿者",激发内生动力,提升农民的自我发展能力。

(五)借助"新平台",实现惠民利民目标。惠民利民是新时代文明实践中心建设的最终目的。要坚持以人民为中心、以基层为重点、以群众评价为标准,把实践活动融入脱贫攻坚、乡村振兴中,加强农村宣传文化资源的开发利用,运用生活化的场景、日常化的活动、具象化的载体,促进文明实践活动开展,培育文明乡风、良好家风、淳朴民风,以文化小康助推全面小康。当前,80%以上的人们通过手机移动客户端获取新闻资讯,我们要采取"快餐"式的宣传途径,通过"微信公众号""抖音""快手"等宣传文明实践新理念,打造为民服务新平台。加北乡加北村原党支部书记张玉忠说:"以前大多数农民种完菜吃不了就剩在家里,我们都希望文明实践站在家门口多张罗儿次农业大集、采摘节等活动,把囤积的菜卖出去。"我们要不断探索为民服务模式,想群众所想,急群众所急,通过新时代文明实践中心、所站推广绿色特色农产品和民族特色手工艺制品,带动创业就业,使文明实践中心成为老百姓值得信赖的"主心骨"。

（六）用好"调色板"，实现健康生活目标。疫情之下，形成和固化生活好习惯，实现健康生活新方式十分重要。金山乡党委书记李平感慨，"文明实践是好事儿，通过建文明实践广场，乱堆乱放的杂物清理干净了，老百姓自觉打扫庭院，卫生意识增强了"。培养广大群众文明健康、绿色环保的现代生活理念，是新时代文明实践中心建设过程中很贴地气的一环。面对常态化疫情防控新形势，各中心、所站要积极倡导公众不聚集不聚会不聚餐，戴口罩、测体温、扫龙江健康码；有序组织志愿者成立巡护队，坚决制止乱扔烟头、随地吐痰、打喷嚏咳嗽不掩口鼻等不文明行为；积极推动"公筷公勺""爱卫同行、防疫有我"爱国卫生运动和"春风春绿"等精神文明创建活动，切实把创新社会治理、思想道德教育、精神文明创建、爱国卫生运动贯穿到文明实践活动的全过程，实现"文明健康·有你有我"的目标。

建设新时代文明实践中心是一项长期系统工程，必须常抓不懈，持之以恒，久久为功。通过扎实推进新时代文明实践中心建设，不断提升工作水平，充分发挥引领作用，统一思想，凝聚人心，推动习近平新时代中国特色社会主义思想在基层落地生根、结出丰硕成果，开创基层宣传思想工作和精神文明建设的新局面。

大 事 记

一 月

1月1日,为大力弘扬"大国重器"之魂和工匠精神,引领全省人民特别是广大产业工人积极投身黑龙江全面振兴全方位振兴和高质量发展的伟大实践,中共黑龙江省委宣传部决定,授予刘伯鸣、秦世俊两位同志"龙江楷模"称号。

1月2日,由中共黑龙江省委宣传部牵头组建,省文联、省歌舞剧院、省京剧院、省杂技团、省曲艺团等单位的70余名文艺志愿者组成的2020年"我们的中国梦"——文化进万家省直文艺小分队走进哈尔滨市宾县,深入社区开展文艺交流辅导,送去异彩纷呈的文艺慰问演出,受到宾县父老乡亲的欢迎。中共黑龙江省委常委、宣传部部长贾玉梅参加活动。

1月6日,第36届中国·哈尔滨国际冰雪节盛大启幕。中共黑龙江省委常委、哈尔滨市委书记王兆力致欢迎辞,日本国驻中国大使横井裕代表来宾致辞。中共黑龙江省委常委、宣传部部长贾玉梅,新华社党组成员、秘书长兼办公厅主任宫喜祥,哈尔滨市委副书记、市长孙喆,哈尔滨市人大常委会主任赵铭等领导出席开幕式。

1月17日,全省宣传部长会议在哈尔滨召开,传达全国宣传部长会议精神,部署2020年全省宣传思想文化工作。中共黑龙江省委常委、宣传部部长贾玉梅出席会议并讲话。会议对2019年全省宣传思想文化工作做了全面总结,充分肯定了过去一年所取得的成绩。对2020年全省宣传思想文化工作进行了安排部署。

1月19日,2020年度全省文化科技卫生"三下乡"集中示范活动在哈尔滨市木兰县会展中心广场举行启动仪式。中共黑龙江省委常委、宣传部部长贾玉梅出席启动仪式。本次活动旨在动员社会力量参与新时代"三农"工作,发挥文化科技卫生"三下乡"的品牌效应和示范作用,为全面建成小康社会营造浓厚氛围。

1月26日上午,黑龙江省委召开常委会(扩大)会议,学习传达贯彻习近平总书记在中央政治局常委会会议研究新型冠状病毒感染的肺炎疫情防控工作时的重要讲话精神,研究加强疫情防控工作组织领导机构方案,听取有关部门和哈尔滨市疫情防控工作汇报。省委书记、省人大常委会主任张庆伟主持会议并讲话,李海涛、张雨浦、王兆力、贾玉梅、聂云凌出席会议。

1月29日,全省应对新型冠状病毒感染的肺炎疫情宣传工作电视电话会议在哈尔滨召开。会议传达中宣部和省委、省政府关于做好应对疫情宣传工作的相关要求,对做好黑龙江省应对疫情宣传工作进行安排部署。中共黑龙江省委常委、宣传部部长贾玉梅出席会议并讲话。

二月

2月28日,黑龙江省贯彻落实统筹推进新冠肺炎疫情防控和经济社会发展工作部署会议推进调度会在哈尔滨召开,传达学习中央政治局常务委员会会议和全国春季农业生产工作电视电话会议精神。省委书记、省人大常委会主任、省应对新型冠状病毒感染肺炎疫情工作领导小组组长张庆伟出席会议并讲话。王文涛主持会议,黄建盛、陈海波、张安顺、王常松、李海涛、傅永国、王永康、张雨浦、贾玉梅、陈安丽、聂云凌、胡亚枫、孙东生、毕宝文、程志明、沈莹、徐建国出席会议。

三月

3月5日,在学雷锋纪念日来临之际,为表彰先进,中共黑龙江省委宣传部决定,命名哈尔滨市道里区新阳路街道安化北段社区等 10 个集体为第六批全省学雷锋活动示范点,哈尔滨市阿城区料甸街道宝山村退休干部张瑞武等 10 名同志为第六批全省岗位学雷锋标兵。

3 月 9 日,中共黑龙江省委书记、省人大常委会主任、省应对新型冠状病毒感染肺炎疫情工作领导小组组长张庆伟主持召开省委常委会会议暨省应对新型冠状病毒感染肺炎疫情工作领导小组会议,传达学习习近平总书记在决战决胜脱贫攻坚座谈会、中央政治局常务委员会会议上的重要讲话精神,研究贯彻意见,部署相关工作。会议强调要坚决克服疫情影响,高质量完成脱贫攻坚目标任务,必须慎终如始,统筹推进疫情防控和经济社会发展。王文涛、黄建盛、陈海波、张安顺、王常松、李海涛、王永康、张雨浦、王兆力、贾玉梅、陈安丽、聂云凌、胡亚枫、孙东生、徐建国出席会议。

3 月 24 日,中共黑龙江省委宣传部、省文明办积极开展“我们的清明、文明缅怀”网络主题系列活动,推进移风易俗、树立文明新风,引导龙江百姓不出门、少聚集,让网络文明祭祀新风吹拂龙江千家万户。

四月

4 月 8 日,省委全面依法治省委员会守法普法协调小组 2020 年第一次全体会议在哈尔滨召开,传达学习中央和省委有关会议精神,研究部署今年守法普法工作任务。中共黑龙江省委常委、宣传部部长、省委全面依法治省委员会守法普法协调小组组长贾玉梅主持会议并讲话。会议听取了省委全面依法治省委员会守法普法协调小组 2019 年工作情况汇报,审议了《中共黑龙江省委全面依法治省委员会守法普法协调小组工作规则(送审稿)》和《2020 年全省普法依法治理工作要点(送审稿)》。

4 月 24 日,黑龙江省召开 2020 年劳动节文化和旅游假日市场工作视频会议,贯彻落实中央和省委部署要求,研究部署“五一”期间全省旅游景区疫情防控和有序开放工作。中共黑龙江省委常委、宣传部部长贾玉梅出席会议并讲话。

五月

5月3日,中共黑龙江省委宣传部、省文旅厅、省教育厅、省广电局、省文联、省作协联合开展了黑龙江省第十届"德艺双馨艺术家"评选活动。经各地各部门推荐、专家组初评、联评委员会联评、省委宣传部部务会议终评,决定授予孙相根等9名同志黑龙江省第十届"德艺双馨艺术家"荣誉称号。

5月21日,由中共黑龙江省委宣传部、黑龙江省广播电视局、黑龙江广播电视台共同主办的全省"众志成城 抗击疫情"网络视听作品征集展播评选活动参评作品评审工作圆满结束。优秀网络视听作品在黑龙江网络广播电视台进行集中展播。

5月28日,"迎庆六一·共赏经典"全省优秀儿童剧目网上展播活动正式启动。此次活动,精选了40余部表现儿童主题、弘扬传统文化、传承红色精神的文艺作品,涵盖音乐、戏剧、曲艺等多个艺术类别。

六月

6月16日,中共黑龙江省委宣传部、省文化和旅游厅、省农业农村厅、省广播电视台主办的全省第四届"美丽乡村·幸福生活"农民文化艺术节暨免费开放展演线上启动仪式,在省广播电视台举行。

6月23日,中共黑龙江省委宣传部(省文明办)联合省委教育工委、省文联,结合当前疫情防控实际,依托互联网,组织开展了全省"云赏端午·品味龙江"主题中华传统节日活动,宣传普及端午文化、弘扬文明新风,进一步激发新时代广大龙江干部群众的爱国热情和民族自豪感,让中华传统节日"新"在云端、"浓"在节味、"热"在基层。

6月25日,中共黑龙江省委宣传部、省文旅厅决定于"七一"期间举办以"艺"心向党为主题的两场庆祝中国共产党成立99周年线上专场演出。本次线上演出由中共黑龙江省委宣传部和省文旅厅共同主办,专场演出中的节目聚焦红色经典,演绎峥嵘岁月,讴歌伟大的中国共产党,礼赞抗疫精神,深情抒发全省文艺工作者对党的满腔赤诚与爱戴。

七月

7月21日,中共黑龙江省委宣传部、黑龙江省妇女联合会印发《关于在全省开展"新时代龙江好家庭"主题教育实践活动的通知》,正式启动为期6个月的"新时代龙江好家庭"主题教育实践活动,教育引导广大龙江干部群众将"爱家"与"爱国"相融合,推动形成争创文明家庭、传承家风文化、学习先进事迹、涵育家庭美德的浓厚氛围,以千千万万个龙江"家庭梦"汇聚中华民族伟大复兴中国梦的强大合力。

7月30日,中共黑龙江省委宣传部召开迎接建党百年暨优秀文艺作品创作生产推进会。中共黑龙江省委常委、宣传部部长贾玉梅主持会议并讲话。会议强调,明年是中国共产党成立100周年,全省广大文艺工作者要提高政治站位,从党引领全国人民进行的伟大创造中发现创作主题、捕捉创新灵感,创作生产一批展现伟大时代历程、推动文化惠民育民、助力文化强省建设的高质量优秀文艺作品,深刻反映这个时代的历史巨变,为时代立传。

八月

8月6日,"三江平原湿地生态文化季"在富锦市国家湿地公园拉开帷幕。该活动由省委宣传部、省文化和旅游厅、佳木斯市人民政府主办,富锦市人民政府承办。中共黑龙江省委常委、宣传部部长贾玉梅出席开幕式并讲话。

8月17日,全省第三届"最美医生"和"最美护士"发布仪式在哈尔滨举行,此次共发布9名"最美医生"和10名"最美护士",以及5个"最美抗疫医护团队"集体,追授于铁夫"最美医生"称号。中共黑龙江省委常委、宣传部部长贾玉梅,省政府副省长孙东生出席发布会并颁奖。

8月18日,黑龙江省互联网行业党委成立大会在省委网信办举行。中共黑龙江省委常委、宣传部部长贾玉梅出席会议并讲话。

8月24日,全省县级融媒体中心建设工作视频推进会在哈尔滨召开。中共黑龙江省委常委、宣传部部长贾玉梅出席会议并讲话。

8月26日,中共黑龙江省委常委、宣传部部长贾玉梅出席省志愿服务联合会换届暨省志愿服务基金会成立大会。

九月

9月1日,以"加一双公筷,多一份健康"为主题的黑龙江省"公筷行动"暨公益联盟成立仪式在哈尔滨举行。中共黑龙江省委常委、宣传部部长贾玉梅出席仪式并讲话。

9月3日,在中国人民抗日战争胜利和世界反法西斯战争胜利75周年纪念日之际,"侵华日军细菌战档案史料专题展"在侵华日军第七三一部队罪证陈列馆启动。中共黑龙江省委常委、宣传部部长贾玉梅出席启动仪式。此项展览共展出220张图片、1810件实物、51小时音像档案。展览内容全方位展示了侵华日军第七三一部队罪证陈列馆近十年来搜集整理的大量珍贵档案、史料、文献以及研究出版成果。重点展示从中、美、日、俄等国官方收集的文字档案和音像档案,突出新史料、新证据和新发现。其中,北京一八五五细菌部队、新加坡九四二〇细菌部队的《留守名簿》,七三一部队房友会资料等均属于首次全面公开。

9月4日,第三届黑龙江省旅游产业发展大会暨文化旅游推介会在黑河市启幕。省委书记、省人大常委会主任张庆伟出席并宣布大会开幕,省委副书记、省长王文涛致辞,省委副书记陈海波主持,省领导张雨浦、王兆力、贾玉梅、聂云凌、胡亚枫、孙珅,俄罗斯驻哈尔滨领事馆总领事奥谢普科夫出席开幕式。本届旅发大会由黑龙江省委、省政府主办,黑龙江省文化和旅游厅与黑河市委、市政府承办。

9月7日,东北石油大学迎来60周年校庆。大会以线上线下相结合的形式,共襄盛举、共谋发展,庆祝学校建校60周年。中共黑龙江省委常委、宣传部部长贾玉梅出席大会并致辞。全国政协第十二届常委、中国石化原董事长、党组书记傅成玉,中油股份公司副总裁、大庆油田党委书记、大庆油田公司执行董事、中石油驻黑龙江地区企业协调组组长、中国工程院院士孙龙德,中国工程院院士王德民,中国科学院院士贾承造,中国工程院院士邹才能,中国科学院院士、中国石油大学(华东)校长郝芳,中国工程院院士刘合,中国科学院院士徐春明,"新时期铁人"、"改革先锋"、"人民楷模"、东北石油大学兼职教授王启民等出席会议。

9 月 14 日,中共黑龙江省委常委、宣传部部长贾玉梅出席 2020 年黑龙江省网络安全宣传周启动仪式并讲话。

9 月 19 日,以"奋进新时代　聚力强军梦"为主题的黑龙江省第 20 个全民国防教育日主题展示活动在哈尔滨市举行。中共黑龙江省委常委、宣传部部长、省全民国防教育领导小组组长贾玉梅参观主题展。本次展示活动由省委宣传部、哈尔滨市委宣传部、省人民防空办公室主办。展区共 48 块展板,设有国防教育、人民防空、黑土英魂、法规普及等专区,集中展示了全省国防教育和人民防空工作成就、东北抗日联军著名烈士事迹、国防领域重点法律法规等内容。

9 月 25 日,龙江百万党员读《习近平谈治国理政》第三卷活动启动仪式在哈尔滨举行。中共黑龙江省委常委、宣传部部长贾玉梅出席并讲话。

9 月 25 日,由省委宣传部、省委网信办、省教育厅、省人力资源和社会保障厅等单位联合主办的"黑龙江省 2020 主持人大赛"展开总决赛的巅峰对决,冠、亚、季军及十强选手诞生。中共黑龙江省委常委、宣传部部长贾玉梅为冠军选手颁发奖杯。

9 月 26 日,"战疫有我·感动龙江"人物(群体)发布仪式在哈尔滨举行。中共黑龙江省委常委、宣传部部长贾玉梅,省人大常委会副主任谷振春出席发布仪式。

9 月 30 日,省暨哈尔滨市烈士纪念日向英雄烈士敬献花篮仪式举行。省委书记、省人大常委会主任张庆伟,省委副书记、省长王文涛,省军区政委傅永国,陆军第 78 集团军政委赵雷等来到哈尔滨市道外区长青公园,同各界代表一起向英雄烈士敬献花篮,深切缅怀英雄烈士不朽功勋,传承伟大的东北抗联精神,激发全社会爱党爱国、崇尚英雄、拼搏奋进的巨大热情,凝聚新时代黑龙江振兴发展的强大精神力量。省领导陈海波、张安顺、李海涛、王永康、张雨浦、贾玉梅、张巍、陈安丽、聂云凌出席活动。

十月

10 月 13 日,全省新时代文明实践中心试点建设工作现场推进会在佳木斯市桦南县召开,中共黑龙江省委常委、宣传部部长贾玉梅出席会议并讲话。

10 月 16 日,"抗疫路上文艺同行"——黑龙江省文艺界抗疫主题美术书法摄影作品展开幕式暨"臻艺"艺术馆揭牌仪式在黑龙江省文学艺术界联合会举行。中共黑龙江省委常委、宣传部部长贾玉梅出席并宣布展览开幕。

10 月 17 日,第三届"龙江振兴发展论坛"(暨 2020 龙江百强企业年会、第十四期龙江企业家对话交流活动)在黑龙江省社会科学院举行。中共黑龙江省委常委、宣传部部长贾玉梅出席并致辞。

10 月 30 日,黑龙江省"最美脱贫攻坚奋斗者"发布仪式在黑龙江广播电视台 2800 米演播室举行,授予省机关事务管理局原副巡视员,驻绥棱县靠山乡靠山村扶贫工作队原队长、第一书记陈华等 10 人"最美脱贫攻坚奋斗者"荣誉称号。中共黑龙江省委常委、宣传部部长贾玉梅出席发布仪式并为获奖者颁奖。

十一月

11 月 2 日,全省宣传思想战线学习宣传贯彻党的十九届五中全会精神电视电话会议在哈尔滨召开。中共黑龙江省委常委、宣传部部长贾玉梅出席会议并讲话。

11 月 12 日,学习贯彻党的十九届五中全会精神省委宣讲团宣讲动员会在哈尔滨召开。中共黑龙江省委常委、宣传部部长贾玉梅出席会议并讲话。

11月12日,由省委宣传部、团省委共同主办的"青春在战疫中绽放"首场宣讲报告会在东北农业大学举行。中共黑龙江省委常委、宣传部部长贾玉梅出席报告会。

宣讲报告会上,哈医大一院重症医学科主任赵鸣雁,抗疫战队"北安市雷锋车队"代表姜涛,双鸭山市援鄂医疗队总护士长韩雪,漠河市青年抗疫志愿者服务队副队长赵梓旭,哈尔滨市香坊区建筑街道绿海社区党委书记、居委会主任刘颖,以及黑龙江广播电视台援鄂医疗队随队记者王东旭等,分别讲述了各自在战疫一线的青春奋斗故事,引起观众强烈共鸣。

11月13日,学习贯彻党的十九届五中全会精神省委宣讲团首场报告会在哈尔滨举行。中共黑龙江省委常委、宣传部部长、省委宣讲团团长贾玉梅作首场宣讲报告。

11月16日,黑龙江省展区携"冰雪之堡"虚拟展馆惊艳亮相第十六届中国(深圳)国际文化产业博览交易会(云上文博会)。展区充分展现了黑龙江省深入贯彻落实习近平总书记"冰天雪地也是金山银山"重要指示精神,以文化强省和旅游强省为牵动,强力推动冰雪文化旅游的丰硕成果。中共中央政治局委员、中宣部部长黄坤明线上考察了我省展区,听取了中共黑龙江省委常委、宣传部部长贾玉梅的汇报。

11月17日上午,第四届全省旅发大会筹备工作协调会在哈尔滨召开,会议听取旅发大会相关工作进展情况。中共黑龙江省委常委、宣传部部长贾玉梅主持会议并讲话。

11月17日下午,全省冬季旅游工作推进会议在哈尔滨召开,部署冬季旅游相关工作。中共黑龙江省委常委、宣传部部长贾玉梅出席会议并讲话,省政府副省长程志明主持会议。

11月27日,2021年度全省党报党刊发行工作视频会议在哈尔滨召开。中共黑龙江省委常委、宣传部部长贾玉梅出席会议并讲话。

11月30日,学习贯彻党的十九届五中全会精神推动龙江全面振兴全方位振兴座谈会在哈尔滨召开。中共黑龙江省委常委、宣传部部长贾玉梅出席会议并讲话。

十二月

12月1日,全省网络综合治理专题工作视频会议在哈尔滨召开。中共黑龙江省委常委、宣传部部长贾玉梅出席会议并讲话。

12月5日,由中共黑龙江省委宣传部、省委教育工委、省农业农村厅、省文化和旅游厅共同主办的"向北方·好看黑龙江"数字传播生态大会在哈尔滨开幕。中共黑龙江省委常委、宣传部部长贾玉梅出席大会并致辞。

12月7日,第二届哈尔滨采冰节在松花江畔上坞沙滩隆重开幕。中共黑龙江省委常委、哈尔滨市委书记王兆力宣布第二届哈尔滨采冰节开幕。中共黑龙江省委常委、宣传部部长贾玉梅登上鸿运台为"头冰"系上象征吉祥好运的红绸。

12月17日,省文明委第十四次全体(扩大)会议在哈尔滨召开。省委副书记、省文明委主任陈海波出席会议并讲话,中共黑龙江省委常委、宣传部部长、省文明委常务副主任贾玉梅主持会议,省领导谷振春、孙东生、程志明、张显友出席会议。会议传达了全国精神文明建设表彰大会精神和省委常委会关于全省精神文明建设有关要求。

12月23日,"龙江楷模"发布仪式在哈尔滨举行。中共黑龙江省委宣传部决定,授予黑龙江省农科院绥化分院水稻品质育种研究所所长聂守军、哈尔滨市公安局道外分局东莱街派出所"龙江楷模"称号。中共黑龙江省委常委、宣传部部长贾玉梅出席"龙江楷模"发布仪式并为获得荣誉称号的典型个人和集体颁奖。发布会上,中共黑龙江省委宣传部发出号召,要广泛开展学习宣传活动,充分发挥"龙江楷模"的示范引领作用,教育引导广大党员干部群众学习楷模、崇尚楷模、争当楷模,为谱写中华民族伟大复兴中国梦的龙江篇章而不懈奋斗。